विजय तेन्दुलकर

जन्म : 6 जनवरी, 1928। मराठी के आधुनिक नाटककारों में शीर्षस्थ विजय तेन्दुलकर अखिल भारतीय स्तर पर प्रतिष्ठित एक महत्त्वपूर्ण नाटककार थे। 50 से अधिक नाटकों के रचयिता तेन्दुलकर ने अपने कथ्य और शिल्प की नवीनता से निर्देशकों और दर्शकों, दोनों को बराबर आकर्षित किया। पूरे देश में उनके नाटकों के अनुवाद एवं मंचन हो चुके हैं। हिन्दी में उनके 30 से अधिक नाटक खेले जा चुके हैं।

'खामोश! अदालत जारी है', 'घासीराम कोतवाल', 'सखाराम बाइंडर', 'जाति ही पूछो साधु की' और 'गिद्ध' आदि बहुचर्चित-बहुमंचित नाटकों के अलावा उनकी प्रमुख नाट्य रचनाएँ हैं : 'अंजी', 'अमीर', 'कन्यादान', 'कमला', 'चार दिन', 'नया आदमी', 'बेबी', 'मीता की कहानी', 'राजा माँगे पसीना', 'सफ़र', 'नया आदमी', 'हत्तेरी किस्मत', 'आह', 'दंभद्वीप', 'पंछी ऐसे आते हैं', 'काग विद्यालय', 'कागश्जशी कारतूस', 'नोटिस', 'पटेल की बेटी का ब्याह', 'पसीना-पसीना', 'महंगासुर का वध', 'मैं जीता मैं हारा', 'कुत्ते', 'श्रीमंत' आदि।

विजय तेन्दुलकर के नाटकों में मानव जीवन की विषमताओं, स्वाभाविक व अस्वाभाविक यौन सम्बन्धों, जातिगत भेदभाव और हिंसा का यथार्थ चित्रण मिलता है। उनके अधिकांश पात्र मध्यम एवं निम्न मध्यमवर्ग के होते हैं और उनके विभिन्न रंग इन नाटकों में आते हैं।

निधन : 19 मई, 2008

जाति न पूछो साधु की, पूछ लीजिए ज्ञान।
मोल करो तलवार का, पड़ी रहन दो म्यान॥

—कबीरदास
(15वीं शती)

जाति ही पूछो साधु की

विजय तेन्दुलकर

अनुवाद
वसन्त देव

राजकमल पेपरबैक्स

राजकमल पेपरबैक्स में
पहला संस्करण : 2011
पाँचवाँ संस्करण : 2024

राजकमल पेपरबैक्स : उत्कृष्ट साहित्य के जनसुलभ संस्करण

राजकमल प्रकाशन प्रा.लि.
1-बी, नेताजी सुभाष मार्ग, दरियागंज
नई दिल्ली-110 002
द्वारा प्रकाशित

शाखाएँ : अशोक राजपथ, साइंस कॉलेज के सामने, पटना-800 006
पहली मंजिल, दरबारी बिल्डिंग, महात्मा गांधी मार्ग, प्रयागराज-211 001
1, अनमोल सोराबजी संतुक लेन, धोबी तलाव, मरीन लाइंस, मुम्बई-400 002
वेबसाइट : www.rajkamalprakashan.com
ई-मेल : info@rajkamalprakashan.com

बी.के. ऑफसेट
नवीन शाहदरा, दिल्ली-110 032
द्वारा मुद्रित

मूल्य : ₹199

JAATI HI PUCHHO SADHU KI
Play by Vijay Tendulkar
Translated by Vasant Dev

ISBN : 978-81-267-2121-4

'जाति ही पूछो साधु की' : कुछ दृश्य

(निर्देशक - राजेन्द्र नाथ, प्रस्तुति : राष्ट्रीय नाट्य विद्यालय, 2009)

विजय तेन्दुलकर द्वारा लिखित तथा वसन्त देव द्वारा हिन्दी में अनूदित इस नाटक का हिन्दी में सर्वप्रथम प्रदर्शन 'अभियान' दिल्ली द्वारा श्रीराम सेन्टर (बेसमेंट) नई दिल्ली में 13 अक्टूबर, 1978 को हुआ। इसका सौवाँ प्रदर्शन 12 अक्टूबर, 1980 को हुआ।

नेपथ्य में

निर्देशक	राजेन्द्र नाथ
आलोक	सितांशु मुखर्जी

सौवें प्रदर्शन के कलाकार थे–

महीपत	एस.एम. ज़हीर
ईश्वर भाई	कीमती आनन्द
ग्रामीण 1	दीपक राज
ग्रामीण 2	मोहन खन्ना
ग्रामीण 3	आर.के. सिन्धी
वे	एच.एस. कुलकर्णी
लॉन्ड्रीवाला	शैलेन्द्र गोयल
हनुमान सेठ	प्रेम भाटिया
सरजासिंह	जगदीश कन्नौजिया
सीना (चेयरमैन)	उमेश श्रीवास्तव
प्रधानाध्यापक	गिरीश माथुर
विद्यार्थी	दीपक राज, प्रेम भाटिया, शैलेन्द्र गोयल, प्रशान्त कुलकर्णी, देवेन्द्र चोपड़ा, जगदीश कन्नौजिया
बबना	सुभाष गुप्ता
प्रोफेसर 1	एच.एस. कुलकर्णी
प्रोफेसर 2	शैलेन्द्र गोयल

प्रोफेसर 3	मोहन खन्ना
प्रोफेसर 4	दीपक राज
नलिनी	वीना मेहता
पुरोहित	देवेन्द्र चोपड़ा
पूतना	मोहिनी माथुर

जिन अन्य कलाकारों ने इस नाटक के विभिन्न प्रदर्शनों में भाग लिया, वे हैं–

राजीव गांधी (चेयरमैन), योगेश वर्मा (ईश्वर भाई), सुधीर पारीक (प्रधानाध्यापक), दिलीप जैन (हनुमान सेठ और विद्यार्थी), संजीव सहाय (प्रोफेसर), आदिल राणा (लॉन्ड्री वाला और विद्यार्थी), कृष्ण कांत सिंह (विद्यार्थी), शेखर सुमन (लॉन्ड्री वाला), चक्रवर्ती जोशी (प्रोफेसर और प्रधानाध्यापक), मीन्नी मेन्दीरत्ता (पूतना), हेमनलिनी (पूतना), रंजना गौहर (पूतना), वीना त्रिवेदी (पूतना), सोनू कृष्ण (नलिनी)।

निर्देशकीय

किसी भी नाटक के सौ से अधिक प्रदर्शन दिल्ली जैसे शहर में होना एक बहुत ही महत्वपूर्ण बात है। यह जहाँ एक तरफ इस बात का संकेत है कि यह नाटक उन गिने-चुने नाटकों की श्रेणी में आता है जो हर वर्ग के दर्शकों को मोह लेता है, दूसरी तरफ यह इस मिथक का खंडन करता है कि दिल्ली में नाटक के दर्शकों की कमी है।

पिछले दस वर्षों में दिल्ली में नाटक के दर्शकों की संख्या बहुत बढ़ी है, यह तो नहीं कहा जा सकता कि दिल्ली की साधारण जनता के लिए नाटक देखना एक आदत बन गई है (काश! ऐसा बहुत जल्द हो जाए) जैसे कि मुम्बई और कलकत्ता के दर्शकों के लिए है, फिर भी इस बात से इन्कार नहीं किया जा सकता कि अगर वाकई कोई अच्छा नाटक प्रस्तुत करता है तो उस नाटक के लिए अब दर्शकों की कमी नहीं है।

सिर्फ यह कहना कि चूँकि यह नाटक एक कॉमेडी है, इसीलिए यह इतना लोकप्रिय हुआ, गलत होगा। क्योंकि जहाँ एक तरफ कुछ गम्भीर नाटक भी बहुत लोकप्रिय हुए, जैसे कि राष्ट्रीय नाट्य विद्यालय की रेपर्टरी कम्पनी का 'मुख्यमंत्री' वहाँ दूसरी तरफ हर कॉमेडी को इस तरह की सफलता कहाँ मिलती है! इस नाटक की सफलता का कारण इसकी प्रस्तुति और उसके अभिनेता तो हैं ही, इसके अलावा नाटक अपने आपमें इतना सम्पूर्ण है और हमारे आज के जीवन और समाज पर इसका व्यंग्य इतना व्यापक है कि यह हर तरह के दर्शक को लुभा लेता है। शायद इसी वजह से बहुत से दर्शकों ने इसे बार-बार देखा।

नाटक का वसन्त देव द्वारा अनुवाद अपने आपमें एक ऐसी

उपलब्धि है जो बहुत ही कम अनुवादों के बारे में पाई जा सकती है।

नाटक की प्रस्तुति के लिए थोड़ी-बहुत काट-छाँट की गई थी जो हर निर्देशक अपनी रुचि और मत के अनुसार करता है, परन्तु नाटक बिलकुल वैसा ही छप रहा है, जैसा हमें वसन्त देव जी से मिला था।

एक छोटी सी तब्दीली नाटक के अन्त में की गई थी। हमारी प्रस्तुति में नाटक का अन्त महीपत के इस संवाद से होता है–"इस प्रकार एक दिन प्रोफेसरी के पंख नुचवाकर महीपत बबरुवुहान जी मामूली महीपत बनकर घर लौटे।"

–राजेन्द्र नाथ

अंक-1

जाँता चलने की घरघराहट के साथ नारीकंठ में गीत।

[परदा उठता है। महीपत रंग-बिरंगी बुश्शर्ट पहने, कन्धे पर झोला लटकाए, सुहास्य-वदन खड़ा है। वह उसका स्वभाव है। हर स्थिति में वह मुस्कराता है।]

महीपत : *(कुछ क्षणों तक दत्तचित्त होकर गीत सुनने के बाद प्रेक्षकों से)* वाह! यह गीत सुनते ही आँखों के आगे छा जाती है... *(रुककर)* विलेज लाइफ! देहात की जिन्दगी...झुटपुटा... मीठी-मीठी ऊँघ...और हमें गोद में लिटाए माँ। *(लम्बी साँस लेकर)* सब समाप्त हो गया। जाने कब का। कहीं कुछ गड़बड़ा गया है—बहुत सारा। साला गीत सुनता हूँ तो मुझे याद आती है सिक्सा की चक्की और उसमें पिसकर चुटकी-चुटकी टपकते हम। महीपत बभ्रुवाहन, यम. ये. थर्ड किलास। *(रुककर)* यम. ये. तो होकेई रहना है... कितना पुराना सपना साला! सीने से चिपटाए हुए। सपने में सैकड़ों बार देखी नेमप्लेट : प्रोफेसर महीपत बभ्रुवाहन, यम. ये.। वव्वाह! कल्पना करते ही वो जो कहते हैं रोवाँ खड़ा होना वगैरा, वो सब हो जाता है। सपने को साकार करने की खातिर क्या-क्या तो किया। पूछिए कि क्या नहीं किया? हाईस्कूल पास करते ही देहात से जो दौड़ लगाई तो सहर में पहुँचकर ही साँस ली। न रहने का ठिकाना...न रोटी का। फिकर को मारी गोली और इस्टेसन के मुसाफिरखाने को दौलतखाना बनाया।

चना-चबैना खाके दिन गुज़ारे। पैसे उधार लिये, छोटी-मोटी चोरियाँ कीं। सिस्ट जनोचित भीख तक माँगी। ऊँच-नीच का खयाल नहीं किया। हम्माली की। होटल में प्लेटें माँजी। अखबार बेचा। एक प्रोफेसर के बच्चों की देखभाल की और दूसरे के यहाँ बिलानागा सरकारी दूध की बोतलों की बँधी पहुँचाई। पूछिए, किसकी दाढ़ी नहीं पकड़ी! कालेज के क्लर्क को प्रिन्सिपल की गद्दी पर बिठाकर, फीस न दे पाने की वजह से नाम-कटाई को टाला। प्यूनजी के चरण छूकर लाइब्रेरी में पढ़ने की खातिर देर तक जमे रहने की जुगत भिड़ाई। लक्ष्य एक ही रहा—दुनिया से अलविदा कहने के पहले यम. ये. पास करना। न लड़कियों को आँख चीरकर देखा, न कागज़ी तीर चलाए। न सीटी बजाई, न बोली बोली। हाथ थे दो-दो और बेंचें भी थीं, लेकिन लड़कों की तरह बेंचें पर बैंड बजाकर जस्न नहीं मनाया, जब कि ये भी सही है कि हाथ बराबर खुजलाया किए। सोचा किया, बच्चू! यम. ये. कर लेने दो, फिर दिखाते हैं। तब तक होंठों पर ताला। यम. ये. पार्ट टू का साल कसे बीता, वो हमीं एक जानते हैं और ईस्वर जानता है। दिन भर चाकरी, रात भर पढ़ाई। पेपर दे के आया, मगर दिल की धकधक न थमे साली। एक रोज़ रिज़ल्ट आया। पास! एकदम उत्तीर्ण! थर्ड किलास में। थर्ड तो साला थर्ड ही सही, आखिर डिगरी तो हासिल करके ही रहे यम. ये.! कितनी ऊँची कीमत चुकाकर। कैसी कठोर तपिस्या करने के बाद। (बाँह से आँखें पोंछकर) उस दिन थर्ड किलास की बहादुरी फस्स किलास की बराबरी में टूटी। अपनी टेंट के पैसों से उस रात मय दोस्त के सनीमा देखा। थर्ड किलास का ज़िकिर नहीं किया। बेचारे को बेकार हँसना पड़ता। रात को सोते समय तय किया...दृढ़ता से संकल्प किया कि कल ही मालिक से कम-से-कम दस रुपए की बढ़ोत्तरी तो मागूँगा ही। यम. ये. पास किया है, कोई खेल नहीं है। अगर हमने इतना कर दिखाया, तो कोई क्या उतना भी

नहीं कर सकता? दस रुपए! वो भी इतने सारे सालों बाद।

[ईश्वरभाई आकर मेज़ के पास कुर्सी पर बैठ जाते हैं और नाक के सिरे पर चश्मा रखकर प्रूफ देखना शुरू कर देते हैं। मुँह खुला हुआ।]

महीपत : मन में हिम्मत रखकर दफ्तर गया दूसरे दिन सुबह, रटता हुआ, ईस्वरभाई, एक खबर है। ईस्वरभाई, एक ताज़ा खबर लाया हूँ। ईस्वरभाई, मैंने कल यम. ये. पास किया। किलास वही, रायल। एक प्रार्थना है। इतने वर्षों में कभी नहीं की। काम में कोताही नहीं की। अब...वेतन में बढ़ोतरी...*(थूक निगलकर)* मिलेगी? ज़्यादा नहीं...दस रुपए, सिर्फ। बस्स। *(पसीना पोंछकर)* बढ़ोतरी की गरज थी। माहवारी दस रुपया सिर्फ। जी। *(नर्वस है।)* दस रुपए। वो भी इसलिए कि मैंने यम. ये. कर लिया है।

ईश्वरभाई : *(देखकर)* कौन? महीपत हो। क्यों? क्या बात है?

महीपत : कुछ नहीं, कल...

ईश्वरभाई : कौन जाता रहा? देखो भाई, एडवान्स वगैरा इस हफ्ते नहीं मिल सकता।

महीपत : जाता रहा नहीं...रिजल्ट आया...पास हो गया...

ईश्वरभाई : हाँ-हाँ। अब याद आया। एक खबर थी तुम्हारे लिए बैठो, बैठ जाओ। *(रुककर)* महीपत...

महीपत : मैं ठीक हूँ...

ईश्वरभाई : ठीक कैसे? तुमने कल ही एम. ए. पास किया। किया न?

[महीपत शरमाता है।]

ईश्वरभाई : अब तुम कनिष्ठ नहीं रहे। चाय मँगाएँ? नहीं; जाने दो। कल ट्रस्टियों की मीटिंग हुई थी। तुम्हारा विषय निकला। मैंने खबर दी। सबने तुम्हारा अभिनन्दन किया। उसके बाद अपनी ये संस्था ठहरी आदर्शवादी, दूसरे काम भी आजकल नहीं के बराबर, इसीलिए नोटिस देकर तुम्हारी

सेवा समाप्त कर दी जाए यह निर्णय किया गया। सर्वसम्मति से।

महीपत : *(स्टन्ड)* जी? क्या...

ईश्वरभाई : क्या और? नौकरी तो खैर तुम्हें कहीं भी मिल जाएगी। वेतन भी ज़्यादा मिल जाएगा। यहाँ अब तुम्हारी योग्यता का काम है ही कहाँ? एम. ए. हो तुम...

महीपत : लेकिन...मतलब...मैं...

ईश्वरभाई : हाँ, जा सकते हो। पहली को बकाया ले जाना, बस्स। कई दिनों तक तुमने इस संस्था का सहारा पाया। तुमने इसी बीच एम. ए. पास किया। हमारे लिए यह गौरव की बात है। अब तुम्हारे पर निकल आए हैं। आकाश बुला रहा है। तुम जाओ। जयहिन्द! *(भीतर चला जाता है।)*

महीपत : *(कुछ देर बिल्कुल बुत की तरह खड़े रहने के बाद)* बढ़ोत्तरी दर किनार, कटौती का शिकार हो गया। यम. ये. पास होने का पहला फल! मेरा वेतन बढ़ाने का सवाल हल किया ट्रस्टियों ने मुझे छुट्टी देकर। शब्बाश! साला समझ मेंई नहीं आता था कि हँसें या रोएँ। महीपत बभ्रुवाहन, यम. ये., बेकार-बेकार।

[दो-चार देहाती किसिम के व्यक्ति आते हैं राम-राम करते हैं। महीपत अपनी धुन में है।]

पहला : ए! ए महैपत! चकरया गया तू यम्मे पास कत्तेई?

दूसरा : भैणिया का। पैचाण ब्बी नई देता।

तीसरा : यई सिकात्ता तेरे को तेरा यम्मे का मास्टर? अयँ?

पहला : बीड्डी सिरगट णिक्काल पूत्तर।

तीसरा : तेरेई बास्ते तेरे बाप ने धूल फाँक्की, तब्बी यम्मे पास किया।

दूसरा : हम तेरे बाप की जगह, और तू कायदे के माफिक पड़णा तो दूर, कोरा राम-राम भी नाई कैत्ता?

तीसरा : थूः! तेरी...

दूसरा : जाणे दे साहेबा, वो तो हुई। दूदेख महैपत, तू बीड्डी पिला णा पिला, चाह पिला णा पिला, पाँव पड़ णाई तो मर, पै

जात के पंचों णे तेरा भीनन्दण करणे का प्रस्ताव पास किया ए।

पहला : हाँ, इस्सी वास्ते तो इस्स णल्लाएक के याँ आए हम लोग।

दूसरा : और इसको देखो तो टाँग अस्माण पै।

तीसरा : ए महैपत, तू यम्मे पास किया कै इन्दर भगवाण के सिंगासण का रिजर्वेशण्ण किया? अयँ?

पहला : माम्माजी, मैं कैता के मैं गर पड़ता-लिखता तो इसके माफक यम्मे ब्वम्मे करकेई णई रुकता। प्पूरा यस्स्सस्सी करकेई रैता। हाँ!

दूसरा : चोप्प रे। तो महैपत कुछ बी होवे, अपणी जात में तुई पैल्ला यम्मे पास किया।

पहला : अन्धों में काण्ण राजा कै णा।

तीसरा : तब्बी तो तेरा भीनन्दण जात कर रई ए। हमणे परस्ताव किया ए और तैसिल्दार को—कौणसा पत्ती-वत्ती रे? हाँ, सभापत्ती फिक्स किया। समजा णा!

[सब व्यक्ति फ्रीज!]

महीपत : *(प्रेक्षकों से)* महीपत बभ्रुवाहन यम. ये. बेकार। ऊपर से भीनन्दण। अन्धों में कान्ना राजा होने के उपलक्स में। तबियत तो ये की कि छैफुटा लट्ठ ले आऊँ और मार-मार के पलस्तर बिछा दूँ हर एक का। मगर डिगरी की खातिर पेन और किताबों का बोझा ढोते-ढोते हाथ भूल गए थे लट्ठ पकड़ना। हाथ उठाने के बजाय हाथ फैलाने की आदत हो चुकी थी। दूसरे, देहात का मामला। सोचा, अगर कहीं भी हाथ न भरा तो हई है देहात अपना। मुट्ठी भर धान तो हाथ पर रख ही देगा।

[फ्रीज हुए व्यक्ति सजीव हो उठते हैं।]

पहला, दूसरा व तीसरा : हम्म जाएँ?

[महीपत सबके पाँव छूता है।]

दूसरा : देखो साहेबा, पड्ढा-लिक्खा पूत्तर है।

पहला : तुमीं देखो माम्मा। कैसा ब्बी होवे, तो ब्बी अपणी जात का होवे।

[सब लोग जाते हैं।]

महीपत : *(प्रेक्षकों से)* अपणी जात। मैं कौन जात? सच तो ये है कि जात को भुलाने की खातिर ही जिद करके रात-दिन बराबर किए एक डिगरी के वास्ते। मगर माथे पर डिगरी की सफेदपोस मुहर लग चुकने के बाद भी पीठ पर छपा जात का दाग नहीं धुल पाया। कैसा ब्बी होवे, तो ब्बी अपणी जात का होवे। जात की ओर से अभिनन्दन। जात का पहला यम्मे। जात। और मैं मंजूर करता हूँ देहात के अन्धों में अभिनन्दन के बहाने थर्ड किलास यम. ये. काने राजा की मिनट-दर-मिनट तारीफ सुनते समय, हार पहनते समय, मन भगवान कसम, प्रसन्न था। अभिनन्दन का आभार मानते समय गला भर आया था, आँखें जाने क्यों नम हो आई थीं। ये सब था और मन कह रहा था कि सब बेकार है, ओछापन है, पक्की टुच्चागीरी है। अपने से कहा, काने राजा! बेकार बिठानेवाली डिगरी की एक आँख हाथ आई है, इसी को लेके भाग। मगर अभिनन्दन के समारोह में मेरा बाप हाज़िर था। काला अच्छर भैंस बराबर, लेकिन चौपाए की भक्ति लिये हुए। माँ हाज़िर थी। बाप की महज़ परछाईं। पाँच बच्चे ब्यानेवाली। उन पाँच में मैं एक। दो भाई और। स्कूल को छुट्टी देकर खेत में खटनेवाले। सबको ऐसा लग रहा था, जैसे एक साथ सातवें आसमान को छू रहे हों। और ऐसा भी लगा, जैसे मैं पराया हूँ। एक डिगरी ने मुझे उनसे अलग कर दिया था। दरअसल, बहुत पहले से मैं उनसे अलग हो बैठा था। अज्ञान, अन्धस्त्रिद्धा, घर और बाहर, सब जगह इकसुरा जीना भुलाने के लिए ही तो मैं सहर में भाग आया था। उनका मन रखने के लिए दो रोज़ घर पर रहा। दोनों वक्त प्यार से परोसी रोटी भरपेट खाते समय

भी सहराती भुखमरेपन की खातिर तरस रहा था। सहर में आया, जान में जान आई। नया सवाल था। नई नौकरी की खोज।

[ईश्वरभाई मेज़ के पास कुर्सी पर बैठ जाते हैं दाँत का मैल छुड़ाते हुए।]

ईश्वरभाई : भाई महीपत, आज नहीं, पहली को। पहली तारीख को आना। अभी जाओ।

महीपत : नहीं-नहीं, मैं वेतन लेने नहीं आया। *(प्रेक्षकों से)* पता नहीं, क्या बात थी, उन दिनों लिहाज़-मुरौवत के झाँसे में नहीं आता था।

ईश्वरभाई : तो?

महीपत : ऐसे ही।

ईश्वरभाई : ऐसे ही? कुछ तो वजह होगी।

महीपत : बिल्कुल नहीं।

ईश्वरभाई : ज़रूर होगी, कुछ तो होगी ही। तुम थाह थोड़े ही लगने दोगे। एम. ए. हो चुके हो न?

महीपत : *(प्रेक्षकों से)* स्वतंत्रता के आन्दोलन में कूद पड़ने की वजह से खुद ईस्वरभाई नान-मैट्रिक थे। *(ईश्वरभाई से)* सच, कोई वजह नहीं। वक्त नहीं कट रहा था। चला आया। आदत से मजबूर।

ईश्वरभाई : देखो, अगर उम्मीद बाँध के आए होंगे कि चाय तो पिलाएँगे ही, तो समझ लो, चाय नहीं मिलेगी। समझ गए? कैसा जमाना आया है। आर्थिक परिस्थितियों के बारे में एक एडिटोरियल डालने की सोच रहा हूँ। ऐसा चुभता हुआ लिखूँगा कि होश ठिकाने आ जाएँ।

महीपत : *(प्रेक्षकों से)* ईस्वरभाई की पाक्सिक चुभन सहनेवाली जनता की संख्या समूचे राज्य में सिर्फ दो हजार है। डिस्पैच मैं ही तो करता था *(ईश्वरभाई से)* जरूर लिखिए। चाय मुझे ऐसे भी नहीं पीनी थी। *(निहायत फक्कड़ाना ढंग से उनके सामने कुर्सी पर बैठ जाता है।)* ए गंगाराम–

ईश्वरभाई : *(नापसन्दगी से)* क्या काम है गंगाराम से? वो संस्था का प्यून है–

महीपत : आपके लिए चाय मँगवा रहा था।

ईश्वरभाई : *(आश्चर्य से)* कौन, तुम? *(आश्चर्य से मुँह बाए रह जाते हैं।)*

महीपत : जी, मैं। क्यों?

ईश्वरभाई : एम. ए. पास होते ही जेब गरम हो आई क्या?

महीपत : आपको चाय पिलाने इतनी गरम तो हुई है।

ईश्वरभाई : मेरी इच्छा नहीं है इस वक्त...सच।

महीपत : मेरी है न। *(प्रेक्षकों से)* मेरी मँगाई चाय ईश्वरभाई ने अकेले सुड़क-सुड़ककर पी।

ईश्वरभाई : बोलो महीपत, मैं तुम्हारे लिए क्या करूँ? तुम्हें निकाल देने का फैसला, तुम जानते ही हो, संस्था ने किया...

महीपत : चाय इसलिए नहीं पिलाई कि आप मुझे फिर से रख लें।

ईश्वरभाई : नहीं, साफ-साफ कहना, खुश रहना वाली बात बताई। अलावा इसके मेरे पास इतने रुपए नहीं हैं कि उधार-वुधार दे सकें।

महीपत : मुझे जरूरत भी नहीं है।

ईश्वरभाई : नहीं, मैंने पहले ही बता दिया। अगर कहो कि एडवान्स...

महीपत : मुझे एडवान्स नहीं चाहिए?

ईश्वरभाई : आखिर तुम्हें क्या चाहिए?

महीपत : सन्तोस! आपके रूबरू, आपके माफिक आसन जमाकर अपने पैसों से आपको चाय पिलाने का सन्तोस!

ईश्वरभाई : *(अच्छा नहीं लगा, फिर भी)* अबे चोट्टे!

महीपत : थर्ड किलास यम. ये. होने के उपलक्स में इतना छोटा-सा सन्तोस। बहुत दिनों से सोच रक्खा था। आपने मुझसे कभी यह नहीं कहा कि 'महीपत, आओ, बैठो।' चाय का तो खैर सवाल ही नहीं उठता। 'बैठो, चाय पियोगे? यह तभी' कहा और बराए नाम कहा, जब मेरा पत्ता कटने की खबर सुनानी थी।

ईश्वरभाई : ज़िन्दगी का यही ढर्रा है।

महीपत : वो अभी देखना है। मगर आप ईस्वरभाई हैं और आपका

यही ढर्रा है और मुझे कोई सिकायत नहीं है।

[ईश्वरभाई इस तरह देखते हैं जैसे कुनैन की गोली खाई हो।]

महीपत : मेरी समझ में नहीं आता था ईस्वरभाई कि आदर्सबाद इस कदर कंजूस क्यों होता है? अब समझ गया हूँ। आदर्सबाद भी एक हिस्सा दुनियादारी है।

ईश्वरभाई : क्या बात कही है! महीपत, दुनियादारी से छुट्टी मिल ही नहीं सकती।

महीपत : छुट्टी भी हमीं पा लेते हैं, अपने दिमाग से। जब महान, विराट, उदात्त वगैरा का ख्याल करते हैं।

ईश्वरभाई : अच्छा भाई, अभी मुझे एडिटोरियल लिखना है।

महीपत : एकदम चुभता हुआ लिखिएगा।

ईश्वरभाई : लिखता हूँ। तो फिर जा रहे हो?

महीपत : तीखा, चुभता हुआ लिखिएगा।

ईश्वरभाई : अच्छा। तो फिर...

महीपत : आप कहते हैं तो जा रहा हूँ, लेकिन कभी-कभी आपके यहाँ आने का इरादा ज़ाहिर करके जा रहा हूँ। लोग दर्सन करने आते हैं न, ऐसे ही आया करूँगा।

ईश्वरभाई : तुम्हारी मरज़ी...

महीपत : मेरी नहीं, इन टाँगों की। आदत पड़ गई है न! यहाँ आए बगैर रहा नहीं जाएगा। अलावा, आजकल काम भी नहीं के बराबर।

ईश्वरभाई : क्या इरादा कर रहे हो?

महीपत : अर्ज़ियाँ भेजने का। गिन-गिनकर हर एक कालेज को भेजूँगा। नाम के आगे सूँड चिपकनी चाहिए, प्रोफेसर। अर्ज़ी का नमूना साइक्लोस्टाइल कराना ही अच्छा रहेगा। क्यों ईस्वरभाई?

ईश्वरभाई : हूँम...

महीपत : *(प्रेक्षकों से)* साइक्लोस्टाइल वाला काम आखिर जमा ही नहीं। अर्जियाँ लिख-लिखके भेजीं। सबसे पहले मसहूर सहरों के मसहूर कॉलेजों के नाम। फिर नए सहरों के नए

नाम। उसके बाद देहात के नए। पाक्सिक पत्रिका के डिस्पैच में हाथ पहले ही महारत हासिल कर चुके थे। अर्ज़ी लिखी, लिफाफे में घुसेड़ी, स्टाम्प चिपकाया और सीधे बम्बे में। स्टाम्पों का खर्चा यम. ये. की किताबें और नोट्स की कापियाँ बेचके उठाया। आज की शिक्सा बिल्कुल बेकार साबित नहीं होती।

[ईश्वरभाई जा चुके हैं।]

महीपत : जैसा बोया, वैसा पाया।

[पृष्ठभूमि में प्लेकार्ड्स : नो वेकेन्सी, जागा नाहीं, जग्या नथी, जगह नहीं—अलग-अलग लिपियों में यही मज़मून।]

महीपत : अर्ज़ी बोई, जवाब उगे। जवाब पाने के लिए स्टाम्प नहीं भेजे थे। फिर भी। इतनी अर्ज़ियाँ आती होंगी कि बेचारा क्लर्क भी भूल जाता होगा कि कौन सी बगैर स्टाम्पवाली है। खूब दिन बीते, क्योंकि मज़मून जवाबों का एक जैसा ही रहता था, मगर डाक रोज़ आती रहती थी। एक नया आनन्द मिला, प्रतीक्छा का। पोस्टमैन साहब की प्रतीक्छा का, वो बिला नागा नए इन्कार लेकर आता था। ऐसे इन्कार भी किसिम-किसिम के होते हैं। एक सीधा इन्कार। दूसरा छमासहित इन्कार। परोक्छ इन्कार। पक्का-पूरा मज़बूत इन्कार। इन्कारों का क्लासिफिकेसन—एक नई हॉबी जगी। कहीं-कहीं से कोई जवाब ही नहीं आया। इससे यह सिद्ध हुआ कि जवाब की खातिर डाक टिकट भेजनेवालों को इन्कारी जवाब भेजा ही जाएगा, इसकी कोई सर्त नहीं है। यह दीगर बात है कि मैंने टिकट ही नहीं भेजे थे, जवाब न भेजनेवालों के पास इतना समय कहाँ कि यह ज़रा-सी बात ध्यान में रक्खें। (लिफाफों का एक गट्ठा उठाकर महीपत जगह-जगह फूलों की तरह सजाना सुरू कर देता है।) देखते-देखते हमारा सीसमहल इन्कार महल में बदल गया। ये भी मुमकिन था कि

किराया न दे पाने की वजह से हमें कमरा ही इन्कार दिया जाता। टाइमटेबुल पक्का हो चुका था। सुबह फ्री रीडिंग रूम के अखबारों में उच्च सैक्सिक वांटेड के विज्ञापनों का पाठ। एन. बी. पते-उतारना। दोपहर : यूज्ड लिफाफे पर कागज चिपकाकर नई अर्ज़ी रवाना करना। डाक की प्रतीक्छा करना। प्राप्त इन्कारों का एनलिसिस, फिर बाईं करवट लेटकर मनन-चिन्तन अथवा नींद। सन्ध्या के समय घूमने और इर्द-गिर्द की सुखदायक चीज़ें देखने की कसरत। रात को नींद, नींद न आए तो फिर चिन्तन अथवा इन्कारों की मानसिक गणना अथवा अनुमान कि कल कितने इन्कार आएँगे। जो वेतन मिल चुका था, वह खत्म नहीं हो पाया था, इसलिए पेट भरने की चिन्ता नहीं थी। कभी-कभार ईस्वरभाई के दर्सन। मैं कुछ भी नहीं माँगता था, यह देखकर वे मेरे साथ नार्मल यानी इनसान की तरह पेस आना सुरू कर चुके थे। साथ ही एक नया अध्ययन आरम्भ कर दिया था—सिफारिसिज़्म का।

[एक व्यक्ति 'वे' आकर बैठ जाता है।]

महीपत : *(दरवाजे की घंटी बजाने का अभिनय करके)* मे आई कम इन?

वे : *(चिढ़कर)* कौन है? क्या लोग हैं, ज़रा इत्मीनान से बैठने भी नहीं देते।

[महीपत उनके सामने पहुँचकर स्वभावगत मुस्कुराहट सहित झुककर नमस्कार करता है।]

वे : कौन?

महीपत : जी, मैं प्रोफेसर महीपत बभ्रुवाहन।

वे : *(जैसे बदबू आ रही हो)* क्या काम है? कहाँ प्रोफेसर हैं?

महीपत : जी अभी हूँ नहीं, मगर होनहार हूँ। अभी-अभी यम. ए. किया है सर। *(थैले में से एक पुड़िया निकालकर उनके सामने रख देता है।)*

वे : ये क्या है?

महीपत : मिठाई। यम. ये. पास होने की खुसी में। सुद्ध देशी घी की बनी है।

वे : रखिए, रखिए। *(जबरन)* अच्छा है, अच्छा ही है। पास हो गए?

महीपत : *(खुद बैठते हुए)* जी, वो तो अभी डिसाइड होना है। *(पुड़िया में से मिठाई निकालकर)* लीजिए सर! चखिए।

वे : *(चखकर)* अच्छी है। कहाँ मिलती है?

महीपत : मैं ही ला दिया करूँगा सर! मेरे रास्ते पर ही तो दुकान है।

वे : थैंक यू। *(सन्देह से)* कुछ काम होगा...

महीपत : बस यही। आपको मिठाई खिलानी थी।

वे : हमें? हमीं को क्यों? याद नहीं आता, कहाँ...

महीपत : सच-सच बताऊँ सर? आप जैसे महान सिक्छकों का आदर्स सामने रखकर ही मैंने अध्ययन किया। आपने मुझे नहीं देखा होगा कभी, पर मैं नित्त आपके दर्सन करता रहा...अपने हिरदै में। सायद आप अतिसयोक्ति मानें, मगर इसमें सन्देह नहीं कि मैंने जो यम. ये. किया, उसका आधा सिरेय आपका है।

वे : *(अविश्वासपूर्वक)* नहीं-नहीं...।

महीपत : नहीं सर, है। मैंने पहले ही कहा न आपसे कि आप अतिसयोक्ति कहेंगे। वरना मिठाई लाकर मैं आपको क्यों कस्ट देता? आप ही सोचिए? लीजिए, और लीजिए। अच्छी चीज है।

वे : *(लेकर)* है ही। *(खाकर चबाते हुए)* अच्छी है। अच्छी ही है।

महीपत : *(प्रेक्षकों से)* सिफारिसिज्म के पहले लेसन का प्रैक्टिकल– काम के आदमी को पहचानो और उसे खुस करो। इसमें सफल रहा। इस आदमी को आगे मैंने तीन बार खुस किया। इसने भी यहाँ और वहाँ चिपका देने का भरपेट आस्वासन देकर उलटे मुझे हर बार खुस किया। बस इतना ही। साले ने काम किया ही नहीं। मिठाई डकारता गया, मेरे आखिरी वेतन के बचे-खुचे रुपयों से खरीदी।

सब्जबाग दिखाया किया। मेरी मिठाई खाई और अपनी जात के उम्मीदवार को चिपकवा दिया। कोई जातवाले को, कोई रिस्तेदार को, तो कोई जान-पहचान वाले उम्मीदवार को चिपकाने का कमिटमेंट लिये बैठा था और हमीं साले एक ऐसे, जिसका कोई आदमी चिपकानेवाले छेत्र में था ही नहीं। तात्पर्य, दिखाए गए सब्जबागों का हरा-भरा अल्बम; कई जिल्दोंवाला, अपने पास आया, मगर 'प्रोफेसर' के पद का पौधा हाथ नहीं लगता था। कहीं थर्ड किलास धोखा दे जाता था, कहीं जात की दीवार फाँदना मुस्किल हो जाता था और विसेस समस्या यह थी कि जात अपनी जो थी, वो न तो एकदम ऊँची थी और न एकदम नीची थी। कभी-कभी ऐसा भी लगता कि यह जो अपनी अधर में लटकनेवाली जात है, उसे धर्म-परिवर्तन करके साफ कर दिया जाए।

['वे' चले जाते हैं।]

महीपत : और एक रोज़ अर्ज़ी की गुलेल ने काम किया। पता नहीं कैसे, पत्थर बराबर निसाने पर लगा। इंटरव्यू का बुलावा आया। कहाँ से—राज्य के उस हिस्से से जिसे कुछ लोग पिछड़ा हुआ इलाका कहते हैं, एक नए, साल भर की उम्र के कालेज से आया। प्रोफेसरी तो काफी दूर थी, मगर महज़ इंटरव्यू का काल पाते ही वो जो मन-मयूर वगैरा हुआ करता है, वो नाच उठा। गा उठा। प्रोफेसर महीपत बभ्रुवाहन पहला व्यूह पार कर गए थे। बार-बार दिल को यकीन दिलाया कि महीपत, काल किसी दूसरे के नहीं, तुम्हारे ही नाम आया है। अपना कुल नाम भी भगवान की दया से कुछ ऐसा है कि अपना काल दूसरे के नाम का हो ही नहीं सकता। अखिल भारत में दूसरा कोई महीपत बभ्रुवाहन हो नहीं सकता, और अगर हो भी तो यम. ये. पास नहीं हो सकता। निस्कर्स यह कि यह काल इसी एकमेव महीपत बभ्रुवाहन के लिए था। साक्छात्कार। पहला इंटरव्यू उर्फ पहली मुलाकात।

[ईश्वरभाई आकर बैठ जाते हैं। दाढ़ी के बाल नोचते हैं।]

ईश्वरभाई : क्यों भाई महीपत, आज ब्राह्म मुहूर्त में दर्शन दिए? *(महीपत लिफाफा पकड़ाता है, उसे लेकर)* कॉल है? *(कागज़ निकालकर देता है तो मुँह बनाता है।)* अच्छा है, अच्छा है। ये तो इंटरव्यू है, उसके बाद सिलेक्शन, बहुत से नदी-नाले पार करने हैं।

महीपत : मगर काल तो आया।

ईश्वरभाई : मेरी राय जानना चाहो तो बता दूँ कि ये कोई ऐसी घटना नहीं है कि तुम बछड़े की तरह उछलना शुरू कर दो। महीपत, उछल-कूद मचाना अधपकेपन की निशानी है।

महीपत : मैं हूँ ही अधपका। मगर ईस्वरभाई, आज आप चाय मँगाइए न।

ईश्वरभाई : चाय?

महीपत : सेलिब्रेट करेंगे।

ईश्वरभाई : सिर्फ इंटरव्यू का कॉल आया है इसलिए? अरे भाई, पहले सिलेक्ट तो हो जाओ। और सिलेक्ट होना आसान नहीं है महीपत, आसान नहीं है।

महीपत : इसलिए उसका ख्याल आज क्यों? आज सिर्फ काल सेलिब्रेट करें...तभी तो आपके यहाँ आया। सिलेक्ट हो जाऊँगा तो नहीं माँगूँगा। मगर आज तो पीके ही जाऊँगा—चाय।

ईश्वरभाई : *(शिकायती स्वर में)* तुम भी हद करते हो...

महीपत : मैं नहीं, परिस्थितियाँ करती हैं, यही कह लीजिए। क्योंकि चाय पीते-पीते मैं आपसे इंटरव्यू का यात्रा-खर्च भी माँगने वाला हूँ।

ईश्वरभाई : *(शॉक्ड)* क्या?

महीपत : यानी उधार, कर्ज़ के तौर पर। पहले वेतन से चुकता कर दूँगा। डेफिनिट। मेरे पास रुपए नहीं कि इंटरव्यू में जा सकूँ और अगर नहीं जाऊँगा तो सिलेक्ट नहीं हो सकूँगा। सिलेक्ट नहीं होऊँगा तो पहला वेतन नहीं मिलेगा...चलेगा? आप हमेशा कहते हैं न कि देस की

पिछड़ी हुई जातियों का विकास होना हमारी पहली ज़रूरत है।

ईश्वरभाई : कान पकड़ता हूँ। *(पैसे देकर)* इतने ही हैं। बाकी पैसों के लिए किसी दूसरे को गाँठो। जाओ।

महीपत : और चाय?

ईश्वरभाई : वो तुम्हीं पियो, और ज़्यादा खर्च मैं नहीं उठा सकता। *(जाता है।)*

महीपत : *(प्रेक्षकों से)* सेविंग खाते में उतना ही रुपया था जितना खाता ज़िन्दा रहने के लिए होना चाहिए। खाता बन्द करके रुपया हासिल किया और ईस्वर की कृपा से माबदौलत इंटरव्यू हेतु प्रस्तान करते भए।

[नेपथ्य में जाता है। तब तक फिल्मी गीत : आशय : उम्मीदें लेकर पिया के देस जाना है, जहाँ स्वागत होगा।]

महीपत : *(लौटकर)* एक बात बनने लगी। इंटरव्यू की तैयारी धूम-धड़क्के से जारी की। फ्री रीडिंग-रूम में पालथी मारकर बैठा, पिछले छै महीने के हर रोज के अखबार चाट गया। जनरल नालेज की एक किताब एक बुकडिपोवाले के यहाँ से उठा लाया, दो दफा ध्यानपूर्वक पढ़ी और जहाँ के तहाँ रख दी। अलावा, ईस्वरभाई के पाक्छिक पत्र की फाइलें उलट-पुलटकर भारत का सामाजिक, आर्थिक, राजनैतिक, सांस्कृतिक, नैतिक वगैरा-वगैरा भी खूब देखा। इसके अतिरिक्त फिल्मों के नाम,...एक्ट्रेसों के नाम, लेखकों के नाम, मंत्रियों के नाम मय डिपार्टमेंटों के, वगैरा मसाला भी इकट्ठा किया, क्या पता, क्या-क्या पूछें! यह भी कहीं पढ़ा-सुना था कि आजकल के प्रोफेसर छैल-चिकनियाँ पोसाकी होते हैं। देखा भी था थोड़ा-बहुत, इसीलिए तय किया कि ये मोर्चा भी मज़बूत होना चाहिए...

[लॉन्ड्रीवाला आता है। बीड़ी पीता है।]

लॉन्ड्रीवाला : अब नई लेंगा साब आपका कपड़ा। लेके जाओ। इस्त्री बी नई मारेंगा। अबी पिचला काम का पेमेंट होना माँगता साब।

महीपत : मैं कपड़े लाया ही नहीं हूँ।

लॉन्ड्रीवाला : फिर कायकू आया साब?

महीपत : गुडबाई करने।

लॉन्ड्रीवाला : *(एक लम्बा कश मारकर)* साब, आप सुसाइड-उसाइड करना माँगता क्या? हमारा बिल का क्या होएँगा? पैले पेमेंट करो, पीछे सुसाइड करो।

महीपत : पेमेंट कहाँ से करें? इंटरव्यू में पहन के जाने काबिल कपड़े तक नहीं हैं। नौकरी नहीं मिलती तो बिल कहाँ से चुकता होगा? अब गाँव जाके रहूँगा।

लॉन्ड्रीवाला : सुसाइड नईं करने का क्या?

महीपत : नहीं।

लॉन्ड्रीवाला : अच्चा-अच्चा। मेरे कू लगा ओच इरादा था।

महीपत : इरादा पूरा नहीं है। मगर पूरा हो तब न?

लॉन्ड्रीवाला : इंटरव्यू है?

महीपत : *(कागज दिखाकर)* ये देखो, इंटरव्यू का काल है।

लॉन्ड्रीवाला : *(कागज उलट-पुलटकर देखने के बाद)* बंडलबाजी नई करता ना साब?

महीपत : नहीं भाई, मैं सचमुच गाँव जा रहा हूँ। घर के छै लोगों में एक का बोझ कोई नहीं महसूस करेगा। अगर प्रोफेसर की नौकरी के लिए जाना हो तो कपड़े तो ढंग के हों। नहीं होंगे तो इंटरव्यू में क्या इम्प्रेसन पड़ने चला है।

लॉन्ड्रीवाला : *(लम्बा कश मारकर)* कपड़ा वापस करेंगा साब?

महीपत : कपड़ा?

लॉन्ड्रीवाला : अपुन आपकू बापरनेकू देता। काम खतम होएँगा त एकदम वापस देने का। नई त साला अपुन गया बारा के भाव। साला बिल भी डूबेंगा औ इदर कष्टमर का कपड़ा भी भरना पड़ेंगा।

महीपत : नहीं भरना पड़ेगा। चाहो तो मेरे दो कपड़े बतौर बन्धक रख लो। इस्त्री मारके अपने ही पास रखना। यम. ये. का

सार्टिफिकेट भी रख देता, लेकिन इंटरव्यू में माँग सकते हैं।

लॉन्ड्रीवाला : ओ सार्टिफीकेट-इर्टीफिकेट नई माँगता। *(भीतर जाकर कुछ कपड़े ले आता है)* ट्राई करो, नाप का होएँगा उसकू इस्त्री मारके रेंडी रखता।

महीपत : *(दो-एक साफ, ज़रा कीमती कपड़े पसन्द करके पहनकर)* पैंट जरा ढीली है। और...एक टाई भी चाहिए अगर मिल जाए तो।

[लॉन्ड्रीवाला बेमेल टाई लाकर देता है और चला जाता है। महीपत टाई बाँधता है। एकदम अलग और अजीब दिख पड़ता है। ईश्वरभाई कब्जपेट-मुँह लेकर आते हैं और एक ब्रीफकेस देकर चले जाते हैं।]

महीपत : यों हर जगह मोर्चाबन्दी करके माबदौलत इंटरव्यू में पहुँचे। आल रेडी फार अटैक। इधर-उधर से बटोरा हुआ ज्ञान, लान्ड्रीवाले के यहाँ से मँगनी के कपड़े, ईस्वरभाई का यह आदर्सवादी ब्रीफकेस और अपना ही पुराना पैच और पालिस-मारा जूता।

[दो-एक फटे-पुराने कपड़े पहने निपट देहाती आदमी उसे घूरकर देखते हुए मुड़-मुड़कर देखते हुए गुज़र जाते हैं।]

महीपत : बस-इस्टेंड पर उतरा तो ऐसा महसूस हुआ कि हर आदमी की निगाह का निसाना मैं ही हूँ। याद आया बचपन का वाकया, जब गाँव के पास से सर्कसवाले गुजरते थे तो हर आदमी मुड़-मुड़कर हाथी या ऊँट को देखा करता था। उनके पीछे बाल-गोपाल, वो भी ऐसे ही। फर्क इतना ही कि मेरे पूँछ नहीं थी...सायद वह भी थी, डिगरी का पुछल्ला।

[एक ओर कई देहाती, अपने असली लिबास में दाखिल होकर कतारें बनाकर पान-तमाखू खाने में मशगूल हो जाते हैं।]

महीपत : इंटरव्यू, ज़ाहिर है, कालेज में था। पूछता-पाछता चला। जिससे पूछता, वही उल्टा पूछता 'कालिज? हाँ-हाँ। पुराना तबेला? बड़ा दुःख हुआ कि ये लोग आज तक कालेज और तबेले का फर्क नहीं समझते। पता चला कि पुराने यानी पहलेवाले तबेले में ही आज-कल कालेज चल रहा है। बीच में आँगन और इर्द-गिर्द कच्ची बैरकें—ऐसा था तबेला कोआपरेटिव डेरी का। कोआपरेटिव डेरी उठकर चली गई थी नई अपटूडेट बिल्डिंग में और तबेले में आ गया था कालेज। बाहर बोर्ड लटक रहा था : 'स्व. माताजी गयाबाई सूतराम कलाविज्ञान महाविद्यालय।' कालेज बन्द था, वैकेसन वगैरा। तो इस जगह कुछ आफिसनुमा दिखा। मैं घुसा और नाक पकड़कर उल्टे पैरों लौटा। इस कदर बदबू कि ओहो हो! और सायद गौरवमय अतीत की निसानी के रूप में वहाँ बँधा हुआ था एक चौड़े डील-वाला भैंसा। नहीं, वो दफ्तर हो ही नहीं सकता था। भैंसाजी को मेरी अनधिकृत घुसपैठ सायद पसन्द नहीं आई या पता नहीं, मेरी लाल टाई के दर्सन कर वे भड़के। मैं निःसन्देह कह सकता हूँ कि अगर कालेज के कर्ताधर्ता मेरे बारे में उसकी राय माँगते तो वो कहता इसे बिलकुल नौकरी पर न रक्खा जाए, पहले निकालकर बाहर किया जाए। यकीन मानिए। वजह यह कि भैंसाजी कोई ऐसे-वैसे आदमी नहीं थे। बाद में पता चला कि आप संस्था के चेयरमैन साब के ख़ास अपने थे। उनकी हवेली की मरम्मत जारी थी, इसलिए चेयरमैनीय भैंसे के अस्थायी निवास का इन्तज़ाम कालेज के लैब में किया गया था।

एक आदमी : *(पीछे से)* ए!

दूसरा : *(जोर से खँखारकर)* ए बाबूसाब! का चइए?

महीपत : *(चौंककर)* ऐं? क...क्या? कुछ नहीं, कुछ नहीं।

दूसरा : का सेयर से छुटके आ रए?

तीसरा : *(दूसरे से)* कोई होएगा यार। ऊसई दिख रेया।

पहला : नौकरी के इंटरभू के बास्ते आए क्या?

महीपत : जी, जी हाँ। मैं वही हूँ। वही मैं। *(सबको अपनी तरफ*

घूरते देखकर जैसे याद करके एकदम झुककर) नमस्ते।

पहला : बैठ जाओ। *(यह देखकर कि महीपत उन्हीं के सामने कुर्सी पर बैठना चाहता है।)* हियाँ नेई। हुआँ...बाअर... बाअर। अबी कुमेटी नई आई हैगी। जब आ जाएगी, तब बुलाया जाएगा। समज गए?

दूसरा : हैं भेनचो, हेई बैठ रिया। जाओ बाहर बैठो।

[महीपत मुस्कराकर विनम्रता से झुककर नमस्कार करता है और 'बाहर' जा खड़ा होता है।]

महीपत : कहा ज़रूर कि बैठो, मगर बाहर बैठने काबिल कुछ था ही नहीं, धरती छोड़कर। और लॉन्ड्रीवाले के पैंट के हितार्थ गोबर से लिपी ज़मीन पर बिराजमान होना इस्ट नहीं था। खड़ा रहा। ऐसे भी क्लास में पढ़ाई के लिहाज से खड़े रहने की आदत आज ही से डालनी ही थी। बाद में पता चला कि जिन्हें मैंने झुककर नमस्ते की वे मैनेजिंग कमेटी के छुटभैये मेम्बरान थे। ठाकुर लोग अभी आनेवाले थे। वे इत्मीनान से आए, (झूमते-झामते आए।)

[दो व्यक्ति आते हैं। एक सीना फुलाकर आता है, दूसरा लीन भाव से झुका-झुका। आगे-आगे जो चल रहा है वह देहाती नेता टाइप, दूसरा चश्मे-वाला, चाँद गंजी होने लगी है, बन्द गले का कोट पहने। (इनके आते ही बाकी के खड़े हो जाते हैं।)]

सीना : *(मूँछों पर ताव देकर)* बिराजौ, बिराजौ। *(खुद बैठकर मेज़ पर रखे कागज उलट-पुलटकर)* आज अजिंडा कायका बनाया मास्साब?

चश्मा : *(ये प्रिन्सिपल हैं।)* एक इंटरव्यू है ठाकुरसाब। हिन्दी के लेक्चरर की पोस्ट भरनी है। एक शहराती आने वाला था...शायद आ गया हो।

दो-तीन : हऔ, आया ना। हुँआंई होएगा बाअर-बाअर कईं।

सीना : *(समझकर)* उई त नई जिसनैं कमर में पैनी उतारकें गलेई में बाँद ली हैगी? *(खुद जोर से हँसता है।)* का कैत ऊको?

नैक टाई। ठढ़ा था हुआँ। निपटाओ ऊको मास्साब। हमें किरेडिट बंक की मीटिन में सोई जाना हैगा। काए मास्साब, अपना कोऊ हैगा का पोस्ट भरनै लायक?

प्रिन्सिपल : मैंने पूछ लिया सबसे। कोई नहीं है।

सीना : चलो, बलाय गई। हमनै कई कै एकाध त रैन दो बगैर सिफारिस का टट्टू। सिक्सा का मन्दिर हैगा, भैनचो...जरा तो पवित्रता रए। काए मास्साब?

प्रिन्सिपल : ज़रूर रहनी चाहिए। ज़रा तो–

सीना : कित्ती जमात पड़ा हैगा उ लँगोटिया?

प्रिन्सिपल : यम. ये. है। थर्ड डिवीजन।

सीना : फस्स डिबीजनवाला को मइयो का आता हियाँ नौकरी ढूँढ़ता। थड्ड त थडड ई सई। बैरा-आँदरा-गूँगा पगलैट त नई हैगा? रख लेऔ। काए हनुमान सेठ? हियाँ अपनीयई औलाद का पड़ती-लिखती हैगी? ऊपर की जमात मैं पौंचने सैं मतलब। काए हनुमान सेठ?

हनुमान : जैसी आप कऔ ठाकुरसाब...

सीना : मास्साब, हवेली में कागद भिजवा देना, दस्कत हो जाएगा। और? और का हैगा अजिंडा पैं?

प्रिन्सिपल : वो सिर्फ बाज़ाब्ता इंटरव्यू...बुरा दिखता है बगैर उसके लेना...ले लें तो अच्छा–इंटरव्यू–

सीना : हम भैनचो कौन लगते पूछनैबाले? औ पूछें का ऊसैं? काए सरजासिंघ, का पूछौगे?

सरजासिंध : मास्साब नै कई त...

हनुमान : ठाकुरसाब, हो जाए स्साला।

सीना : हो जाए? मास्साब, हो जाए। उतारौं म्मैदान मैं। हूँमू।

महीपत : *(प्रेक्षकों से)* ये सब इतने धीमे चल रहा था कि मैं सुन ही लूँ। बुलावा आते ही मैंने इस्टदेव का इस्मरण किया और कूद पड़ा। *(सबके सामने जाकर झुककर नमस्कार करता है, मुस्कुराहट के साथ।)*

सीना : का नाम हैगा तुमारा?

महीपत : महीपत बभ्रुवाहन, सर।

सीना : का? मईपत गबरू वान्सर? अरे हटाऔ, हमें ऐसा माश्टर

नई चइए गबरू-सबरू।

महीपत : जी महीपत ब्रभु-वा-ह-न।

सीना : आहा-आहा। खपसूरत नाम हैगा। ई हमाए बड़े मास्साब हैंगे।

प्रिन्सिपल : प्रिन्सिपल।

सीना : ऊइ ऊई। कालिज के हैडमाश्टर।

[महीपत झुककर अभिवादन करता है।]

सीना : ई मास्साब का नाम सोई औंधा-सीधा हैगा ससुर, मास्साब, जल आ जाए। *(प्रिन्सिपल फुरती से जाता है। जल लेकर आता है।)*

दूसरा : कौन जात हौ आप?

महीपत : जायकवार। ऐसे हम लोग छत्री हैं। हमारे पुरखा महाराज चम्पकसिंघ की फौज में अफसर थे। महाराज चम्पकसिंघ के साथ उन्होंने बड़े जौहर दिखाए थे।

सीना : श्याबास! औ आप का जौअर दिखाओगे हमाए कालिज में? ई पै किरपा दिरिस्टी रखना गबरू-सबरू। काए सरजासिंघ?

सरजासिंघ : *(झूठे ही हँसकर)* हा-हा-हा!

सीना : हमारा इंटरभू खतम। का घंटौन पूँछना भैनचो। बारीक नुकतेवाले दो-एक कोश्चन पूँछें, हटाओ। हनुमान सेठ, आपकौ पूछना होय तो पूँछ लेओ।

हनुमान : *(प्रयत्नपूर्वक)* नाम? ऊ होई गया। धाम? होई गया। जात का सवाल था। ऊई साला होई गया, इननें पूँछई डारा। *(सीने से)* हो त गया सब। *(याद करके)* हाँ, एक सवाल बाकी है। बच्चे-बाले कित्ते हैंगे? *(सरजासिंघ से)* परीवार न्यौजन का बरस हैगा।

महीपत : जी, एक भी नहीं।

सीना : श्याब्बाश!

हनुमान : *(सन्देह से)* एक कोश्चन जाने रै गया। हाँ, खाद कै किसिम की होती?

सीना : हनुमान सेठ...

हनुमान : ठाकुरसाब, कुछ होय पै, लड़के अपने गिरामीन इलाके के हैंगे। माश्टर कौ...

प्रिन्सिपल : प्रोफेसर को, प्रोफेसर को...

हनुमान : पुरफेसुर कौ, खेती की सोई जानकारी होनैं चइए...

सीना : हनुमान सेठ, हमाई औलादें कालिज पढ़कै का खेत में खपैंगी? अरे, अबी सैं हल कौं हात नईं लगातीं मइयो की। कछू और पूछौ। हिन्दी पढ़ाएँहैं ये मास्साब?

हनुमान : सौख सैं पढ़ाओ कैना। हमाई कछू उजरदारी नईं हैगी। आप कई कै पूँछौं दो कोश्चन, हमनैं पूछ धरे। सरजासिंघ, तुमाई दाई हैगी, चलाऔ बन्दूक।

सरजासिंघ : *(गला साफ कर)* ए मास्साब, आपनै छप्पन छुरी की नौटंकी देखी हैगी?

सीना : हम बता रए। ई का ज्वाब दैनै देऔ, दूसरा हाजिर है। *(महीपत से)* बोलो, देखी?

सीना : बोलो मास्साब, छप्पन छुरी देखी?

महीपत : जी। देखी तो है मगर कई साल हो गए...

सरजासिंघ : ओल रैट। ऊकी नौटंकी मैं एक चौबोला था, ऊका पैला अच्छर था घोड़ा और आखिरी था राजा। बोलो, बोलो, चौबोला के बोल बोलो। *(सीने से)* बारीक नुकता हैगा, ठाकुरसाब, पकड़ना आसान नईं हैगा।

महीपत : बात यह है कि नौटंकी ऐसे तो शृंगारिक साहित्य है और यदि हम रास्ट्र का, देस का, देस के नव तरुणों का उद्धार इत्यादि करने में रुचि रखते हैं तो हमें इस्फूर्तिदायक एवम् ज्वलन्त राष्ट्रीय साहित्य के निर्माण में दत्तचित्त होना होगा; यही नहीं, वरन् उसे प्राथमिकता देनी होगी। उदाहरणार्थ, आल्हा लीजिए। यदि आप अनुमति देने की कृपा करें तो मैं हमारे सर्वोत्कृस्ट रास्ट्रीय साहित्य का उत्साहप्रद नमूना आपके सम्मुख प्रस्तुत करूँ।

सीना : करौ, करौ।

सरजासिंघ : हम छप्पन छुरी की नौटंकी...

सीना : सरजासिंघ, मास्साब ठीक कै रए। काए हेड मास्साब?

प्रिन्सिपल : जी, बिलकुल। प्रिन्सिपल, हेडमास्साब नहीं...

सीना : का मास्साब आप आसान चीज कौ मुस्किल बनाकैं बोलो रए। हाँ गबरू-सबरू, सुनाऔ आल्हा।

[महीपत ब्रीफकेस की ढफली बनाकर आल्हा सुनाता है।]

महीपत : (आल्हा सुना चुकने के बाद) सेस यथा समय सुनने की अनुमति प्रार्थित है।

सीना : श्याबास! काए हेड मास्साब, आप सोई हात धो लेऔ। सूँड कए हाती सैं, मैं आगे तू पीचैं। आगेवान, पूछौ।

प्रिन्सिपल : *(नर्वस)* बस, और क्या। आप लोगों ने पूछा ही है सब। *(महीपत से—तिलमिलाकर)* आप बाहर जाइए। निर्णय सूचित किया जाएगा।

सीना : लेओ। निरनए कायका धरा और। दूसरा कोऊ आया बी हैगा मइयो का...

प्रिन्सिपल : जी, वही तो...*(महीपत)* आप जा सकते हैं...

महीपत : *(सबको झुककर अभिवादन कर)* बहुत-बहुत धन्यवाद! थैंक्यू! शुक्रिया!

[सीने को छोड़ शेष लोग चले जाते हैं।]

महीपत : *(प्रेक्षकों से)* साक्षात्कार सम्पन्न हुआ। सभापतिजी ने यह निवेदन करके कि 'दूसरा कोई आया बी हैगा मइयो का' व्यंजना से संकेत दे ही दिया था। मगर सक तो लाइलाज मर्ज़ ठहरा। वो हैडमास्साब उर्फ प्रिन्सिपल, भाँजी भी तो मार सकता है। दूसरे दो जो थे उन्हें आल्हा पता नहीं कैसा लगा होगा। इस्कूल के जमाने में रटा था, आज काम आ गया। वरना छप्पन छुरी ने वो छुरी चलाई थी कि यहाँ चारों कोने चित्त। बचा लिया मालिक ने। सोचा कि पहले कसके खूँटा गाड़ें, उसके बाद ही कूच करें। साग को चेअरमैनसाब को उनकी हवेली में जा घेरा। *(सीने के ज़रा नज़दीक सरककर)* ज़रा अपाइंटमेंट का पक्का पता चल जाता तो...

सीना : *(नशे में)* मास्साब, हमने आपकौं रख लिया...रख लिया।

हम तुमको मास्साब...रख लिया...पत्थर की लकीर समज लेओ मास्साब–अम कएँ सोई कानून हैगा हियाँ का...

महीपत : थैंक्यू सर...मैं चलूँ?

सीना : तुम जाते ई कायकौं मास्साब, कायकौ? इदर रओ। रै जाओ इदर। हाम सब बन्दोबस्त करेगा तुमारा, साऽऽब। पियोगे?

महीपत : जी? *(जल्दी से)* नहीं।

सीना : थोड़ी-सी...

महीपत : जी नहीं। बस्स...मैंने पी सवेरे...जी नहीं, दोपहर में, नहीं-नहीं, शाम को। नहीं-नहीं-नहीं-नहीं, मैं, जी मैं पीता ही नहीं।

सीना : देखौ मास्साब, अपन समाजबादी। समाजबादी हैंगे अपन। हाँ। सबके संग पीते हैंगे। भेदभाव नईं करते। एकमेक कौं घूँट पिलाकैं दोनौं चलैं सुपन्थ। मास्साब, आप भी लेऔ थोड़ा-सा। सुपन्थ।

महीपत : जी नहीं।

सीना : लेऔ-लेऔ, पिऔ।

महीपत : जी, ऐसा करता हूँ कि ये खाली बोतल ही ले लेता हूँ। खूबसूरत है।

सीना : ले जाऔ, जाऔ। तुमैं हम रख लिया, समजे मास्साब, रख लिया। हैडमास्साब की फिकर नईं करना। हैगा ऊ सोई चलता-पुरजा। पै हमैं कस्ट नहीं देता हैगा। बेफिकर रऔ, हमनै रख लिया तुमको।

महीपत : अगर अपाइंटमेंट लेटर...

सीना : लेटर गया गधे की ऊ में। हम भैनचो बचन नई दिया? हमारा बचन नईं मानते, कागज माँगते मास्साब? लिखाई-पढ़ाई का काम हियाँ मरद नहीं करते हैं।...समजे?

महीपत : जी, बहुत अच्छा।

सीना : रैना होय त रऔ, नईं जाऔ। ऐसी-तैसी मैं...मरद की जबान हैगी मास्साब, तुमें हमनैं रख लिया। को मइयो का अपोज करता हमकौं, ऊकी स्साले की मइयो की...जाऔ आप। रामराम *(जाता है।)*

महीपत : इस प्रकार नौकरी का सिप्पा भिड़ा। प्रोफेसर, लेक्चरार नहीं, प्रोफेसर। पहले ही दाँव में। वाट ए सानदार इस्टार्ट। कन्धों पर नए जॉब का बोझा लिये सहर लौटा। लान्ड्री के कपड़े, ईस्वरभाई का ब्रीफकेस, ये सब लौटाना था।

[ईश्वरभाई सेव करते हुए आते हैं और बैठ जाते हैं।]

महीपत : ईस्वरभाई...

ईश्वरभाई : ई...इस्स्। उस्तरा है या छुरी? फिर कट गया। महीपत, कहो भाई, इंटरव्यू में क्या कर आए?

महीपत : ये लीजिए ढफली। *(ब्रीफकेस सौंपता है।)*

ईश्वरभाई : ढफली!

महीपत : जी हाँ ढफली। बजानेवाली।

ईश्वरभाई : ठीक हो न?

महीपत : आपके ब्रीफकेस और आल्हा-ऊदल की कृपा से।

ईश्वरभाई : आल्हा-ऊदल?

महीपत : जी हाँ, वही।

ईश्वरभाई : क्या नतीजा निकला? रिजेक्ट हो गए? ये सब चलता ही रहता है महीपत। हिम्मते मरदाँ तो...।

महीपत : रिजेक्ट नहीं हुआ ईस्वरभाई, सिलेक्ट हो गया। सि-ले-क्ट। नाट ऐज ए सिम्पुल लेक्चरार। दि प्रोफेसर, येस।

ईश्वरभाई : प्रोफेसर? *(मुँह बाए देखते रह जाते हैं।)*

महीपत : येस। उन्होंने पूछा चौबोला बताओ। पहला अच्छर घोड़ा, आखिरी राजा। मैं होसियारी से आल्हा तक ले गया। गाके सुनाया। आपकी कसम। आपके ब्रीफकेस की बनाई ढफली तो चेअरमैन लट्टू हो गया। बोला, तुमैं रख लिया।

ईश्वरभाई : क्या? रख लिया, ऐसा कहा?

महीपत : हाँ। आप पहले हजामत कर लीजिए ईस्वरभाई।

ईश्वरभाई : अरे कुछ लिखित भी दिया? नहीं? फिर क्या रखा है। वे अपना शब्द घुमा भी सकते हैं। हाँ...

महीपत : नहीं।

ईश्वरभाई : हम बताते हैं...

महीपत : आप बाबा आदम के जमाने से बताते आ रहे हैं, आज मैं आपको बताता हूँ...मैं, प्रोफेसर, लेक्चरार नहीं, हैड आफ दि डिपार्टमेंट आफ हिन्दी, स्व. गयाबाई सूतराम कला तथा विज्ञान महाविद्यालय घोषित करता हूँ कि मैं प्रोफेसर नियुक्त हो गया हूँ।

ईश्वरभाई : सबूत!

महीपत : सबूत यही कि इंटरव्यू में दूसरा कोई आया ही नहीं था। मैं अकेला...मैं अकेला। सबूत नम्बर दो, चेअरमैन साब का इस्नेह अनुरोध था कि कहाँ जाते हो, यहीं रह जाओ। सबूत नम्बर तीन, उन्होंने ईस्वरभाई, मुझे 'ये' आफर की। ये...*(बोतल दिखाता है।)*

ईश्वरभाई : क्या? तुमने पी?

महीपत : नहीं। मगर बतौर सबूत आपके लिए थोड़ी-सी लाया हूँ।

ईश्वरभाई : *(घिन दिखाकर)* अय? छी-छी-छी। महीपत–तुम यहाँ के आदर्शवादी संस्कारों में पले और...

महीपत : इसीलिए तो बगैर दाद पाए खाली बोतल लाया। ईस्वरभाई, आज तो बिना पिए मैं नशे में हूँ। मैं नशे में हूँ...

ईश्वरभाई : वो बोतल महीपत, घमंडी का घर नरक...

महीपत : यू डू योअर हजामत। हऽम चला।

ईश्वरभाई : वो बोतल महीपत, जाते समय जेब में रख लेना...

महीपत : *(बोतल वहीं रखकर)* आपके योग्य सादर सप्रेम भेंट महीपत–सारी प्रोफेसर एम. बभ्रुवाहन की ओर से सस्नेह। बाई-बाई।

[शॉक्ड ईश्वरभाई बोतल उठाकर भीतर जाते हैं।]

महीपत : *(प्रेक्षकों से)* तो साब, मैं प्रोफेसर हो ही गया।

[पृष्ठभूमि में क्लास के विद्यार्थियों के कट-आउट्स आने शुरू हो जाते हैं।]

महीपत : लॉन्ड्रीवाले के कपड़े सधन्यवाद वापस किए। समाचार

दिया। बड़ा अफसोस हुआ बेचारे को। बोला, साला अइसा कालेज होएँगा त अपुन बी पढ़के पुरफेसर हो जाता। मगर उसने अभिनन्दन किया। उसे भरोसा देकर कि पहली तनखा मिलते ही पैसा लौटा दूँगा, रुपया उधार लिया और एक जोड़ी कपड़ा खरीद लाया। टाई लॉन्ड्रीवाले ने कहा, बाद में भी लौटा सकते हो। टाई असल में उसी की प्रापर्टी थी। बोला, धुएँला कपड़ा इससेच बाँध के लाता, दुसरा क्या काम का। बांदो स्साला तुम। अपाइंटमेंट लेटर भी आया। ईस्वरभाई को दिखाया। आँखें भर आईं, पोंछते हुए बोले, अच्छा ही हुआ, आखिर तुम्हें प्रोफेसर बना ही डाला। मगर महीपत, अकड़ न दिखाना। अध्यापन असिधारा ब्रत है। यह ऐरों-गैरों के बस की बात नहीं। उपाधि का पुछल्ला लग जाने से अधिकार प्राप्त नहीं हो जाता। होशियारी से रहना। उनके बिदा होते समय, सच, मैं भी खिन्न हो आया। आदत की बात थी। घर पर भी इत्तला दी। हिदायत आई। हर माह थोड़ी-बहुत बचत करना। घर भेजना न भूलना। अगली सारग में ब्याह का विचार करना। थोड़ा लिखा है, बहुत जानना जी। सुभासीस। मकान मालिक को भी खबर दी। सुनकर बाछें खिल गईं। मैं कमरा छोड़ रहा था। बोला, शुभकार्य में देरी नहीं लगाते। इस तरह प्रोफेसर महीपत बभ्रुवाहन धूमधाम से सहर छोड़कर अपने जीवन की पहली प्रोफेसरी की मुहिम पर जाते भए–

[भीतर जाता है। लौटकर आने तक पुलिस बैंड की ध्वनि। कट-आउट्स के सामने तीन विद्यार्थी आकर बैठ जाते हैं।]

महीपत : *(कोट-टाई पर हाथ फेरकर, खँखारकर)* प्रोफेसर, एक पैदाइसी जानकर व्यक्तित्व। प्रौढ़ धीर-गम्भीर। प्रतिस्थित। विद्वत्ता के बोझ तले ज़रा-ज़रा झुका हुआ। किंचित् रूखा। अन्तर्मुखी। भुलक्कड़। पर कुल मिलाकर स्रद्धेय, आदरणीय इत्यादि-इत्यादि और लगातार एक अलग धूमिल अन्तराल

में तैरता हुआ। चाँद गंजी हो तो बहुत खूबसूरत। न हो तो मोटी फ्रेम की ऐनक। सबसे बड़ी एवम् विसिस्ट बात यह कि भासा विसुद्ध प्राध्यापकीय तथा बाहरी दुनिया की। उसका रियाज भी कर चुका था :

काव्य में कवि की रसाविस्ट काव्यात्मक रसदृस्टि सनैः-सनैः बिम्बों, प्रतीकों, संकेतों, फन्तासियों, सपनों, दिवास्वपनों आदि की धारणाओं का अभिधानीकरण करती, तान्त्रिक योगियों की मधुमती-भूमिका पर विचरण करती, दार्सनिक अवगुंठन में विलोपमान हो गई है। अथच कवि सैली चमत्कृतिसम्पन्न पारलौकिकता, धूमाविस्ट रहस्यात्मकता तथा हृदयवती मानवता की शक्ति अर्जित करके विभोर भावुक एवम् सम्वेदनसील सहृदयों को निरन्तर आनन्दोदधि में ऊभ-चूभ करने की सामर्थ्य अपव्यय करती है। *(हाँफता है।)*

...पर यह बाद की बात। पहले रोज एंट्री की।

एक लड़का : ए टी-टी बाबू।

दूसरा लड़का : असरानी।

तीसरा लड़का : मुझको यारो माफ करना, मैं नसे में हूँ।

[हँसी। स्टम्पिंग। प्रोफेसर महीपत पर कोई चीज़ आकर गिरती है।]

चौथा लड़का : (ज़नाना आवाज़ में) ऐ चुप बी रओ।

[हँसी]

महीपत : *(गम्भीरता से)* साइलेन्स।

चौथा लड़का : *(ज़नाना आवाज़ में)* ऐ कै दिया, दिक ना करो।

[सामूहिक हँसी]

महीपत : दैट्स आल फार द टाइम बीइंग। *(प्रेक्षकों से)* ये गँवार लड़के धुआँधार अंग्रेज़ी बोल पानेवालों से सर्तिया दबके रहते होंगे, यह सोच के कुछ चुनिन्दा फिकरे भी जेब में रख छोड़े थे। *(लड़कों से)* टाइम फ़ार वर्क नाऊ।

एक लड़का : *(मुँह में उँगली डालकर सीटी बजाता है।)* चिड़ी का गुल्टू।

[बेहिसाब शोरगुल]

दूसरा लड़का : को? गुलबिया जान हैंगी का?

चौथा लड़का : (ज़नाना आवाज़ में) ऐ निगोड़े, दुपट्टा ना खैंच मेरा।

[हँसी]

वही : ऐ सदके जाऊँ, रैन दे आज। आज ओंठ सिलवाके आई।

[बोलियाँ। हँसी। तालियाँ। स्टम्पिंग और एक अश्लील आवाज।]

महीपत : आल राइट। नाउ आयल गिव ओनली वन मिनिट फार सेलिब्रेशन अंड देन वी स्टार्ट वर्क।

[पहले एक, फिर दूसरा, फिर तीसरा, यों कोरस शुरू कर देते हैं...जय-जय सन्तोषी माता...साथ में तालियाँ, सीटियाँ, बेंचों पर धमाके।]

महीपत : द मिनिट इज ओवर। नाउ टु वर्क।

[कोरस जारी है। जरा देर बाद फेड होता है।]

महीपत : साबित हो गया कि सूट-बूट या अंग्रेजी का जादू ग्रामीण इलाकों में भी आजकल रोब पैदा नहीं करता।

[कोरस जोर से]

महीपत : अब क्या करें। पाँच मिनट सोचने में बीत गए। इधर गाना भी खत्म हो गया। तत्काल दूसरा हथियार लड़कों को फेंक मारा। (कहने वाला परिच्छेद एक साँस में कह जाता है। बीच में रुककर) शुरू-शुरू में लड़के हक्का-बक्का होकर मेरा डश देखने में डूब गए। *(परिच्छेद शुरू कर देता है। समाप्त होने से पहले एक आवाज।)*

एक लड़का : *(खड़ा होकर)* मास्साब, ऊ देखौ बबना कौं मिरगी आ गई। ए–जरा जूता देना...

दूसरा लड़का : पियाज लै आना ए!

तीसरा लड़का : पियाज...पियाज...

[फिर गड़बड़]

महीपत : मैंने देखा तो सच में एक लड़के को मिरगी आ गई थी। औंधा होके गिरा था। उसे होस में लाने की मैंने भी मार्गदर्शक चेस्टाएँ आरम्भ कर दीं। *(साभिनय दिखाता है।)*

चौथा लड़का : मास्साब, बबना मर गया।

दूसरा लड़का : हाय! नबज ई नईं मिल रई।

तीसरा लड़का : साँस ई नईं ले रिया मास्साब! देखौ।

महीपत : *(प्रेक्षकों से)* मेरी भी सिट्टी गुम। साला पहले ही रोज...

एक लड़का : ए, बबना के बाप कौं बुलाऔ।

दूसरा लड़का : डाकदर कौं बुलाऔ, डाकदर कौ।

तीसरा लड़का : मास्साब, बबना कौं चाएँ जब आती।

सब लड़के : मास्साब, बबना मर गया।

महीपत : *(प्रेक्षकों से)* मेरी साँस ऊपर की ऊपर, नीचे की नीचे। हिम्मत बाँधकर उस बबना नाम की औंधी पड़ी लम्बी-चौड़ी लाश को देखा, ध्यान दे के देखा। उसके सीने की हरकत बन्द दी। बाप रे बाप! मर गया!

[कुछ लड़के मिलकर बबना को कन्धों पर उठाते हैं और ले जाते हैं।]

लड़के : *(रोनी आवाज़ में)* राम नाम सत्त है! मुर्दा बड़ा मस्त है।

[अचानक बबना होश में आकर निहायत इत्मीनान से हाथ हिलाना शुरू कर देता है।]

बबना : अबे मुर्दाफारोसो! हमें काँ लिये जा रए होगे बे? छोड़ौ। छोड़ौ स्सालो! *(लड़के भूत-भूत चिल्लाते हुए नाचते हैं। बबना को ज़मीन पर पटक देते हैं। वह धीरे-धीरे उठ खड़ा होता है।)*

बबना : *(मौज में आकर)* भैनके हमकौं जिन्दई ज़लाने का पुरगराम

बना रए थे।

[महमूद फैशन का नाच करता हुआ फिल्मी गाना शुरू कर देता है। दीगर लड़के साथ देकर हौसला बढ़ाते हैं।]

महीपत : *(प्रेक्षकों से)* स्साली क्या सिचुएसन। न रोते बने, न हँसते। बबना लम्बरी था, सायद बहुत माहिर। गुस्सा तो इस कदर आ रहा था कि खोपड़ी साली आउट होना चाह रही थी। कितनी बड़ी महत्वाकांक्षा से हासिल किया प्रोफेसर का पद और उसका यों सत्यानास? चमत्कारपूर्ण वरदान के रूप में मिली नौकरी का साला पहले ही झटके में ऐसा हास्यास्पद अन्त? इतनी सारी तैयारी करने भी यह बचकाना हार? फिर एक दफा बेकारी? हट् साला। *(चिल्लाकर)* बबना!

[लड़के एकदम चुप। बबना महमूद की तरह कमर पर हाथ रखकर खड़ा रहता है। खड़े-खड़े कूल्हे मटकाता है। दबा ठहाका]

महीपत : भड़ुए स्साली तेरी माँ को, इधर आ।

[बबना यह नहीं समझ पाता कि यह सब सीरिअसली ले या लाइटली। लड़के दम साधे देख रहे हैं।]

महीपत : इधर आ पैले। *(कोट उतार कर फेंक देता है। टाई भी। कमीज की आस्तीनें मोड़ता है।)* असल बाप की औलाद होए तो सामने आ भड़ुए। तेरे चूतड़ों की हवा निकालता हूँ। आ!

[बबना अनिर्णय की स्थिति में जरा हिलता-डुलता है और पोज बनाकर खड़ा रहता है।]

महीपत : *(प्रेक्षकों से)* मेरी टाँगें काँप रही थीं, मगर अब पाँव सिकोड़ना बेकार था। *(बबना से)* हिला ना अब चूतड़! दिखा तेरा नाच!

[बबना तय नहीं कर पाता कि क्या करे। नाचे तो पता नहीं महीपत क्या कदम उठाए। न नाचे तो क्लास की लड़कियों के सामने बेइज्जती।]

बबना : *(गुर्राकर)* नाचैंगे। हमकौं कौन की हिम्मत के रोकै।

महीपत : *(प्रेक्षकों से)* बाद में मालूम हुआ कि बबना सरपंच का लौंडा है। इसी बूते पर वो हर साल जिमखाना का सेक्रेटरी और स्टूडैंट्स यूनियन का मंत्री चुन के आता है–अविरोध। उस वक्त नहीं मालूम था और मालूम नहीं था, वही अच्छा था। *(बबना से)* अबे नाच के तो दिखा... हिम्मत होए तो।

बबना : का कर लेओगे?

महीपत : वो तू देखेगा ही। स्साले, कालेज तुझे हिजड़िस्तान मालूम पड़ता है क्या? मैं दिखाता हूँ तुझे। *(गरजकर)* चल, नाच!

बबना : *(साहस के साथ एक स्टेप उठाता है और एकाएक दबकर)* हमए मन्ने चाआ त नाचैंगे। कोउ की जबरदस्ती है का?

महीपत : है भ्भैन का नामरद साला! तेरी ताकत नई अब नाचने की।

बबना : चिड़ाना मती हमको। गरम खोपड़ी हैंगे अपन।

महीपत : पौने आठ है साले तू! मैं चुप था तो मस्ती छाँट रहा था। अब तू दिखा दे नाच। *(प्रेक्षकों से)* पाँव मेरे इस कदर थरथरा रहे थे कि लगा खुद ही नाचने लगूँगा। मगर अब छुट्टी नहीं थी।

बबना : *(मित्रों से गुर्राकर)* चलौ, नाचौ सब।

[लड़के स्तम्भित]

बबना : हऽतेरे की! मइयो के स्साले डरपुक्के सब। *(ज़िद पकड़ने का नतीजा, इसलिए दिमागी तैयारी करके नाच का पोज तो बनाता है, मगर नाचता नहीं।)* लौ नाच लिया। कौन स्साला अपन कौं हात लगाता, अपन बी देखता। अपन नाच चुके हैगे।

महीपत : *(प्रेक्षकों से)* नाच का बहाना करके बबना अब अपना सवाल मेरी खोपड़ी पर पटकना चाहता था। मुझे चुनौती

देकर खुद तमासाई बनना चाहता था।

बबना : लेऔ, नाच चुके अपन। कर लेऔ, का करते सौ, *(होंठ चबाकर)* हूँम्!

महीपत : *(प्रेक्षकों से)* अब? बबना का मोटा-तगड़ा शरीर नर्वस मुस्टंडे की तरह सामने डटा था और लगातार चुनौती दे रहा था। अगर चुनौती मंजूर न करता तो अफवाहें फैलतीं और प्रोफेसरी को खतम करके रहती। मैं फँस गया था।

बबना : *(मज़ा लेकर)* नाच चुके अपन।

महीपत : *(आगे बढ़कर एकदम गाल पर तमाचा रसीद कर देता है। बबना और लड़के फ्रीज़)*। महीपत अपनी हथेली पीछे छुपाकर सहलाता है।) लगा, अगर किसी भी पल बबना का चौड़ा हाथ उल्टा रैपटा कनपटी पर जमता है तो मैं पानी तक नहीं माँग सकता। पल गिन रहा था।

[बबना एकदम चला जाता है। लड़के विस्मय से देखते हैं।]

महीपत : *(प्रेक्षकों से)* गया। बबना एकदम गायब। पूछ दबा के भाग गया। जय हो, ईश्वरभाई के चेले की जय हो। *(चिल्लाकर लड़कों से)* है किसी और की हिम्मत? होय तो आ जाओ मैदान में। निपटारा हो जाए। आओ। *(लड़कों को मौन देखकर)* जाओ अपनी सीट पर बैठ जाओ, पढ़ना शुरू करो। जाओ।

[सब लड़के अपनी-अपनी सीट पर चुपचाप बैठ जाते हैं। पृष्ठभूमि में मोटर-साइकिल की दूर जाती आवाज़।]

महीपत : *(प्रेक्षकों से)* इतने में घंटी बज गई, वरना आफत थी। प्रोफेसर की गरिमा को बट्टा लगानेवाली जल्दी हो रही थी, वहाँ की पुकार थी। *(आशय पेशाबघर।)* लेकिन हमने मैदान मार लिया। पहला दंगल जीत लिया। मैं मन ही मन अपनी पीठ ठोंक रहा था। समझ गया था कि यहाँ प्रौढ़ सहराती प्राध्यापकीय भाषा दो कौड़ी की साबित होती है।

साले, भँडुए, मइयो के वगैरा शब्द हर मतलब जाहिर करने की ताकत रखते हैं। वही यहाँ की साहित्यिक भाषा-शैली है। तमाचा-रैपटा वगैरा में अर्थ की सघनता भरी है। कसके रख दीजिए, सनसनाता हुआ वो हजार शब्दों का काम देता है और ये भी सही है कि इस हथियार का इस्तेमाल बहुत सोच-समझकर ही करना चाहिए, वरना उसकी धार गिर जाती है। संक्षेप में, अगर प्रोफेसरी टिकानी है, बेकारी टालनी है तो यहाँ अपनी समझ नए सिरे से परख लेनी होगी। प्रोफेसर ताड़ ऐसे ऊँचे-पूरे धींगड़ों का गुरू वगैरा नहीं बन सकता यहाँ, उल्टे डबल पावरवाज़ कप्तान बनकर ही टिक सकता है। दाढ़ी-मूँछें निकले लौंडों को पढ़ाने की कोशिश करना बेमानी है, क्योंकि वे पढ़ने की खातिर कालेज में आते ही नहीं है। वो कॉलेज में आते हैं तो इसलिए कि उनके बाप मालदार होते हैं। उनका कॉलेज में जाना और भेजा जाना सिर्फ इसी मामूली उद्देश्य के लिए होता है कि कॉलेज के माहौल में चार-पाँच साल मौज करें। ऐसा तो ऐसा ही सही। उस रात सीने से चिपटाए रखी तमाम गलतफहमियों को खटमल की तरह ढूँढ़-ढूँढ़कर मसल के रख दिया। झूठा है ज्ञान। फरेब है विद्वत्ता परिश्रम, अध्यवसाय! प्रोफेसर के लिए भी पेट ही सबसे ज़रूरी अंग होता है और 'प्रोफ्' के पद के लिए विद्या की कोई शर्त नहीं है। प्रोफेसर कॉलेज में प्यून या क्लर्क की नौकरी करता है, अपने को बगैर प्यून या क्लर्क कहे। बेस्ट! अपना काम आसान हो गया। अपन भी साले हैं तो देहाती मिट्टी के ही बने। काए भईया?

[यह कहते हुए महीपत टाई-पतलून उतारकर कुरता और पैजामा पहनता है। जेब में से एक पुड़िया निकालकर हथेली पर तमाखू रखकर मींड़ता है और दाढ़ के नीचे दबाता है। दो-एक बार मुँह चलाकर पिच्च से पीक गिराता है। क्लास में आते

समय लड़के यह तमाशा देखते हैं और विस्मित होकर एक-दूसरे को देखते रह जाते हैं।]

एक लड़का : (शॉक्ड) भ्भैन का–

दूसरा लड़का : को? गबडू-सबडू? *(जीभ दाँतों तले)* मास्साब आप हैंगे!

तीसरा लड़का : मास्साब आज भौतई अलग दिख रए हैंगे। काए भइयन?

चौथा लड़का : *(आदरसहित)* अपन गैंचानई नई पाए, तुमाई ऊ की कसम!

पहला लड़का : अपनेई मास्साब औ ऐसे भेस मैं! *(आश्चर्य)*

महीपत : अऽ कैसा हल्का-हल्का लगता भैनचो इस डरेस मैं। ए चरनदास, बीड़ी सिरगिट कछू होए तौ निकाल। भौतई तबिअत हो रई।

[चरनदास चकित और प्रसन्न होकर सिगरेट पेश करता है। दूसरा लड़का कुशलता से सुलगाता है। महीपत कश लगाता है।]

महीपत : *(लड़कों को अपनी तरफ अवाक् होकर देखते देखकर)* पियौ-पियौ। तुम सोई पियौ। सरमाऔ नई–हाँ-हाँ, पियौ।

[शुरू में लड़कों का संकोच, बाद में खुलकर बीड़ी-सिगरेट जलाना, पीना।]

महीपत : तुमाए बबना गुरु काँ हैंगे? औ काए चरनदास, तुम ऊ छिपकुली सैं इस्क लड़ा रए होगे किलास मैं, काए? लड़ाऔ स्साले हो, लड़ाओ। चलाते रऔ गुलेल। कबी ना कबी स्साला निसानै पे पत्थर लग इके राएगा बच्चा! चलाते रऔ।

[चरनदास झेंपता है, मगर थ्रिल्ड]

महीपत : लौंडिया साली हैगी चूजा।

[लड़के मुँह बाए देखते हैं।]

महीपत : *(आँख मारकर)* काए भइयन, अपन का ऊमैं कछू जानत नई हैंगे का?

[लड़के अभी तक आश्चर्य से मुक्त नहीं हो पाए हैं।]

महीपत : *(मुँह में उँगली डालकर सीटी बजाते हुए)* सुनौ, सुनौ सब लोग। अपनै किलाउस की टिरिप जाएगी अगले इतवार कौं। करौ तैयारी।

[लड़के गाकर, तालियाँ बजाकर स्वागत करते हैं। महीपत जाता है। मोटर साइकिल की नज़दीक आती आवाज़ जो फिर रुक जाती है। बबना झूमता-झामता आता है।]

बबना : *(गुर्राकर)* काय बे, काँ थे सब गुल्टू? औ गबडू-सबडू नई दिखाई पड़ा हैगा। दिख तौ जाए भईयो का, मींड कै धर दैं स्साले कौं।

पहला लड़का : रैन दो गुरु।

बबना : रैन दो? भडुआ किलास मैं तमाचा मारता हैगा हमकौ? ई बबना कैं? इन्सल्ट। घोर अपमान।

दूसरा लड़का : अरे यार, मास्साब लोग त बुजुर्गन मैं गिने जाते हैंगे।

बबना : त का लौंडियन कै सामनै तमाचा मारैगा? हमाए? अरे ज्जाः! न ई ओखली मैं घुसैंड़ कैं कूटा न ऊको तो सरपंच की औलाद न कैना। *(मूँछों पर ताव देकर)* चल बे चरनदास, देखें त भैनका काँ ढुका?

चरनदास : अपन नईं जाते।

बबना : का? नईं जाते?

दूसरा लड़का : मास्साब बिचारा भला आदमी हैगा।

बबना : *(शॉक्ड)* भला आदमी? हमाई टोली के मिम्बर हौकें ऊ की तारीफ करते हौगे?

पहला लड़का : अपन त ऊपै खुश हैंगे।

तीसरा लड़का : अब त अपन जैसाई लगता हैगा।

दूसरा लड़का : कछू डिफरेन्सई नई लगता हैगा भैनचो।

बबना : *(चिल्लाकर)* चुप रऔ स्साले हो। का हो गया हैगा तुम लोगन कौं? हमाई इन्सल्ट का बदला लेओगे के नईं?

सब लड़के : नईं!

बबना : *(जबरदस्त धक्का)* नईं? *(कुढ़कर)* ठीक हैगा? ठीकई हैगा।

पहला लड़का : देखौ बबना गुरु, ऊके बदन कौ छुऔगे त हम देख लेंगे। हाँ, फिर नई कैना के हमकों नई बताया था।

दूसरा लड़का : हमैं एक्सन लेना पड़ेगा।

तीसरा लड़का : कए देते हैंगे, थूक कैं चाटना पड़ेगा, हाँ।

दूसरा लड़का : ओखली में घुसैंड़ कैं कूटे बिना नई रएँगे।

[बबना दिग्मूढ़ सिर खुजाता है। महीपत आता है।]

महीपत : *(बबना को देखते ही धँसता है, फिर सँभलकर)* कौन ब...बबना गुरू हैं? कहो भाई?

[बबना आग उगलती आँखों से देखता है। महीपत और भी नर्वस। बबना हाथ बढ़ाता है। महीपत समझ नहीं पाता। फिर भी वह डरे-डरे भाव से हाथ मिलाता है। बबना विकट शेक हैंड करता है। महीपत जैसे-तैसे हाथ छुड़ाकर सहलाता है।]

महीपत : *(हाथ सहलाकर)* चलो, टिरिप में चलो।

[लड़के आनन्दोत्सव मनाते हैं। लड़कियाँ आकर शामिल होती हैं। ट्रिप एक जशन है। गाना-बजाना, ढफली का मिला-जुला शोर। महीपत शामिल होता है। इसके बाद उर्रे की बोतल और गिलास छुपाए चार लड़के और बबना आ टपकते हैं। महीपत दूसरी ओर अकेला बैठा प्रकृति के दर्शन वगैरा कर रहा है। ऑफ़ स्टेज कोरस चालू।]

पहला लड़का : *(महीपत के निकट आसन जमाकर)* काए मास्साब इकेलेई बैठे हियाँ?

महीपत : अँ! हाँ। ऐसे ही। जरा प्रकृति-सौन्दर्य का अवलोकन कर रहा था। *(भाव भरे स्वर में)* सुमित्रानन्दन पन्त ने क्या ही कहा है : 'पुलक प्रकट करती है धरती हरित तृणों की नोकों से, मानो झूम रहे हैं तरु भी मन्द पवन के झोंकों से।'

दूसरा लड़का : हम सोई...

महीपत : हम सोई क्या?

तीसरा लड़का : पिरकिर्ती-सौन्दर, हाँ मास्साब।

चौथा लड़का : का कई? प्रि...प्रि...जिबहा पनमेसरी पलटतियई नईं हैगी।

[बोतल और गिलास छिपाए चारों लड़कों और बबना में इशारेबाजी शुरू हो जाती है। समस्या यह कि गुरु के सामने कैसे पिएँ। बबना इशारे से बताता है, तो क्या हुआ? क्या डरना। निकालो। ढालो। लड़के संकोच अनुभव करते हैं।]

बबना : *(महीपत की ओर सरककर)* काए मास्साब, आपकौ प्यास-आस नई लग रहे हैगी?

महीपत : प्यास? हमें? नईं तो। तुम्हें लग रही है?

बबना : लगी त हैगी। आप पियो त...

महीपत : क्या?

बबना : *(इशारे से बताकर)* ई...और का?

महीपत : (चौंककर) क्या? हँः। तुम लोग शराब पीते हो?

बबना : पियत हैंगे होरी-दिवारी पै। कालेज कैं पीछैंई त मिलती हैगी।

महीपत : कालेज के पीछे?

बबना : ई त कछुअई नईं। पैलै त अपनै पिसाबघर कै उपरई चुआई जाती रई।

महीपत : क्या? शराब की भट्ठी? कालेज में?

बबना : आप नईं जानते हैंगे। काल-परौ त आए। हियाँ हम चार साल सैं मंगल मना रए। दो बरस 'बन्स मोर' लै रए। पाऔ मास्साब, थामौ, ये लै लेऔ, आप मरद हौ ना? *(भरा गिलास जबरदस्ती महीपत को पकड़ाता है।)* हो जाए। *(लड़कों से)* रेडी?

महीपत : मगर ये दारू...

बबना : हँः मास्साब, दारू पीते दरक गए का?

महीपत : नहीं, मगर...

बबना : पी जाओ। *(दूसरों से)* ए। मास्साब कौं ज्यादा नई देना

बे। *(महीपत से)* जित्ती पचा सकौ, उतई पीना मास्साब। खुशी का सौदा हैगा। *(खुद बड़ा-सा घूँट पीकर)* पानी भैनचो, जरासियई इश्ट्रोंग नईं हैगी दारी।

महीपत : *(प्रेक्षकों से)* मेरी खोपड़ी का बल्ब मिलक उठा। बबना साले ने हमेंउ नई जुगलबन्दी में खींचा हैगा, औ हिंयाँ भी पीठ नई दिखा सकते। बबना ने बहुत सोच-समझकर मुहरा सरकाया है। उसके टोलीवालों के मन में मेरे लिए जो आदर पैदा हो चुका है, उसे मटियामेट करने को डौल बाँधा है स्साले ने। महीपत बभ्रुवाहन हुशियार! खलक खुदा का, मुलुक बबना का! *(एक बड़ा-सा घूँट निगलने का अभिनय कर)* एह! निरा पानी।

[चारों लड़के सकते में]

बबना : *(दूसरा घूँट पीकर)* कछू मजा नईं आया साला।

महीपत : *(दूसरा घूँट पीने का अभिनय कर)* ठीक ई हैगी। लौंडों के लिए ठीक हैगी।

[चारों लड़के और भी सकते में]

बबना : *(पीकर)* सरबत हैगा साला।

महीपत : *(पीने का अभिनय कर)* खाँसी की दवाई निराट। हलक में जरा-सी गुदगुदी, बस्स।

[बबना और लड़के महीपत के गिलास को आशंका से देखते हैं।]

बबना : मास्साब, आपनै इत्ती-सी भी नई पी?

महीपत : *(चतुराई से गिलास पीछे को झुकाकर थोड़ी उँड़ेल देता है। बबना से)* तुमसैं ज्यादाई पी बच्चा! *(उसके गिलास के सामने अपना गिलास रखकर मिला लेऔ। (दूसरे लड़कों से)* देख लेऔ भइयन।

बबना : (जिद पर उतरकर और अपना गिलास एक घूँट में खाली कर) अऽब?

महीपत : *(उसका परफॉरमेन्स देखकर ज़रा देर हक्का-बक्का, फिर*

सँभलकर) हँ! ऐसैं त कोऊ साला पीकैं दिखा सकता हैगा। बबना त भइयन, खरगोस औ कछुआ की कहानी सुना रए। खरगोस नै सुरु-सुरु मैं ब्बौ दौड़ लगाई, ब्बौ दौड़ लगाई, के कछुआ महाराज मीलैं पीछैं रै गए। पै अखीरी जीता को?

लड़के : कछुआ! कछुआ! *(पीना इनका भी जारी है।)*

बबना : *(तैश से गिलास खाली कर)* उँड़ेल बे। देखते मइयो का कौन जमा रैता हैगा। ढाल!

महीपत : *(अपने गिलास की शराब होशियारी से किनारे पर लुढ़काकर खाली गिलास सामने रखकर)* देख त रए। ढालो!

[लड़के दोनों के और अपने गिलास भरते हैं।]

बबना : *(बड़ा-सा घूँट पीकर)* अपन हार जाएँ त असल बाप की औलाद नईं।

महीपत : धीरज सैं काम लै बबना, नई उखड़ जाएगा। हिचकीं लग जाएँगी। *(पीने का अभिनय कर)* बच्चा हैगा अभी, दूध पीता।

बबना : अबे गबडू-सबडू ज्जा गधे की ऊमैं... *(खूब नशे में है।)* तैं किस्के सामनैं टैं-टैं करता हैगा? गिलास खाली कर पैले। देख, खाली हो गया।

[एकदम पीता है और खाँसता है। हिचकियाँ।]

महीपत : *(अपने गिलास की लुढ़काकर और गिलास पेश कर)* हियाँ मुद्दत हो गई खाली करै।

[लड़कों के जो खुद धुत हो रहे हैं, चेहरों पर गहरा आश्चर्य।]

महीपत : पानी पिलाऔ बबना गुरु कौं। हिचकीं लै रिया साला असल बाप का।

पहला लड़का : पानी पियौ गुरू! पानी।

दूसरा लड़का : छोटा हैगा अभी।

तीसरा लड़का : बच्चा हैगा ऊ। (इशारे से) इत्तई होएगा।

[नशेबाजों का ठहाका। चौथा लड़का काफी देर से परेशान है। ज़रा-ज़रा देर बाद उठकर अपने नीचे देखता है। फिर बैठ जाता है। चेहरा सवालिया। ज़रा इधर-उधर सरकाता है। तीसरे लड़के से सट जाता है।]

तीसरा लड़का : का हैगा बे? ऐं?

चौथा लड़का : कछू नईं। *(फिर भी नर्वस)*

बबना : ये गिलास भरौ।

महीपत : भर बे। गिलास की भ्भैन को।

[लड़के गिलास भरते हैं। चौथा लड़का सरककर तीसरे लड़के से इतना सट जाता है कि तीसरा गिरने को हो जाता है।]

तीसरा लड़का : *(ताव खाकर चौथे लड़के से)* का हैगा बे?

चौथा लड़का : *(बहुत नर्वस)* ऐं? कछू नईं।

बबना : *(गिलास होंठों से लगाकर)* बम भोले!

तीसरा लड़का : *(चौथे लड़के से)* अबे, का हमाई गोद मैं ई बैठेगा तैं? हट! *(धकेलता है।)*

चौथा लड़का : *(नर्वस)* नईं।

तीसरा लड़का : नईं? अबे, होस मैं हैगा? पैलें हट, उदर सरक।

चौथा लड़का : नईं...नईं...।

तीसरा लड़का : *(धकेलकर)* सरक नईं रिया हैगा, काए?

चौथा लड़का : *(बगैर सरके)* गीली हैगी।

तीसरा लड़का : का गीली हैगी?

चौथा लड़का : *(ज़मीन की तरफ उँगली से दिखाकर)* जमीन।

तीसरा लड़का : जमीन?

महीपत : *(बबना का जोश बढ़ाकर)* जै संकर। *(गिलास पहले की तरह होंठों से छुआकर दारू लुढ़का देता है।)*

पहला-दूसरा-चौथा : (प्रोत्साहन के स्वर में) श्याबाश! श्याबास!

चौथा लड़का : मइयो की! और हो गई।

तीसरा लड़का : का हो गई? *(रुककर)* बोलता नईं हैगा बे?

चौथा लड़का : *(अपनी पतलून आगे-पीछे छूकर)* कछू नईं...हमैंई कछू... का हो गया, भैनचो समजई मैं नईं आ रिया। *(उठकर भाग जाता है।)*

[उसकी गीली पतलून साफ दिखाई पड़ती है।]

पहला-दूसरा-तीसरा : *(देखकर)* ए! अबे ए! *(हँसी से लोट-पोट।)* छुटकू नै पतलून गीली कर दई स्साले नै। *(बेहिसाब हँसी।)*

[बबना धुत। बेहोशी में झूमता। आँखें अधमुँदी।]

महीपत : *(प्रेक्षकों से)* छुटकू अपनी गीली पतलून के लिए जिम्मेवार नहीं था। मैंने जो दारू लुढ़काई थी, उसी का नतीजा था कि बेचारा छुटकू गीला हो आया था। मगर फिकर नईं करते। *(रीता गिलास बबना के सामने रखकर)* बबना, भडुए! रख गिलास सामने। भरो बे!

[बबना दूसरे लोक में। लेट जाता है।]

पहला-दूसरा-तीसरा : *(तुतलाकर)* बबना आउट। साला धूल चाट रिया। आउट!

महीपत : *(जैसे देवता...उतर आए हों, एकदम खड़ा हो जाता है। भाषण देने के अन्दाज़ में)* मेरे विद्यार्थी दोस्तो!

[पहला-दूसरा व तींसरा नशे में धुत। महीपत की ओर देखते हैं मुँह बाए।]

महीपत : *(प्रेक्षकों से)* किक् तो अपने को भी आई थी। आँखों के आगे ईश्वरभाई चमक रहे थे। परमपूज्य दादाभाई, पूजनीय सरमा गुरुजी, सिरी अन्नीबाबा, एक-से-एक बढ़कर देदीप्यमान सितारे खोपड़ी के शून्य में भ्रमण कर रहे थे। संस्कार और सोया हुआ आत्मविश्वास दोनों जगकर खड़े हो गए थे। जय ब्बजरंगबली! जय भारत! जय ईश्वरभाई! जय महीपत बभ्रुवाहन! *(अचानक भाषण देना शुरू कर देता है 'आज की युवा पीढ़ी और नैतिक मूल्य' पर)*

[उसका भाषण चलते समय तीनों लड़के बबना की

स्थिति प्राप्त कर चुके हैं। बबना दम फूलने तक बड़बड़ाता रहता है। ब्लैकआउट। निस्तब्धता! स्पॉट की तेज़ रोशनी में एक लड़की। गुड़िया की तरह खड़ी।]

महीपत : ट्रिप ने बड़े-बड़े गुल खिलाए सॉब! शिकायतें भी पहुँचीं हेडमास्साब के पास। असन्तुष्ट माररावी आत्माओं की ओर से। मगर क्या उखाड़ सकता था दो कौड़ी का हेडमास्साब सरपंच की औलिया औलाद का? मामला दबा दिया गया। यही नहीं, अपनी धाक जमी, तूती बोलने लगी। *(लड़की को देखकर)* ये...ये कौन है जो मेरी आँखों में तैर रही है? कौन है ये? कहाँ से आई है? कहाँ चली है? इसकी बदौलत प्रोफेसर महीपत बभ्रुवाहन की उर्फ मेरी नारी-पात्र-रहित जिन्दगी में कैसी-कैसी उथल-पुथल मची? देवियो और सज्जनो! इसके लिए दूसरे अंक की प्रतीक्षा कीजिए।

[अँधेरा। ट्रिप में गाए गए गीतों, तालियों, बोलियों का कान फाड़ देनेवाला शोर शुरू हो जाता है।]

(परदा)

अंक-2

[परदा उठते ही कॉलेज के प्रोफेसरों का एक दल कॉमन रूप में आकर बैठ जाता है। एक प्रोफेसर पैर पसारकर ऊँघना शुरू कर देता है। सबके बाद में महीपत आता है। पतलून-कमीज-टाई पहने।]

प्रोफेसर-1 : *(होंठ चबाकर)* चला आ रहा है स्साला चिड़ी का गुल्टू!

प्रोफेसर-2 : *(आप उर्दू पढ़ाते हैं)* बबना साहब शायद कल रात को भी नौटंकी में मसरूफ रहे होंगे। *(महीपत से)* अख्खा महीपत साहब हैं! आइए-आइए महीपत साहब, तशरीफ रखिए। कहिए, आपको खबर मिली?

महीपत : खबर? कैसी खबर?

प्रोफेसर-1 : आपको नहीं मालूम?

महीपत : क्या?

प्रोफेसर-2 : *(प्रोफेसर-1 से)* लीजिए। आपको कुछ पता ही नहीं।

महीपत : आखिर माजरा क्या है? कौन मर गया।

प्रोफेसर-1 : मरा नहीं कोई। टट्टू आ रहा है।

महीपत : टट्टू!

प्रोफेसर-1 : जी हाँ...टट्टू! *(भेदभरी हँसी।)*

महीपत : कैसा टट्टू?

प्रोफेसर-1 : सिफारिशी।

महीपत : किसकी सिफारिश?

प्रोफेसर-2 : टट्टू की। दीगर किसकी? *(प्रोफेसर-1 से हाथ मिलाता है।)*

प्रोफेसर-1 : बिलकुल आसमान से, ऊपरवाले लेवल से चला आ रहा है।

महीपत : अच्छा! आने दीजिए।

प्रोफेसर-3 : आने दीजिए *(ठहाका मारकर हँसता है)*

महीपत : क्यों साहब, क्या आज हँसी की गोली खाके आए हैं?

प्रोफेसर-4 : *(आप अंग्रेजी के हैं। रंग-उड़ा सूट घोषणा कर रहा है।)* नथिंग। *(हँसकर)* आने दो, ही सेज, आने दो *(कन्धे उचकाता है)*

प्रोफेसर-1 : *(हल्के सुर में गाकर)* गोरी चली बाजार, न छेड़ो, जाने दो *(टेक्स्ट पुस्तकों की ढफली बनाकर)* गोरी चली बाजार, न छेड़ो जाने दो।

प्रोफेसर-2 : जनाब महीपत साहब! बचे रहिएगा।

महीपत : है क्या जो बच्चू...मतलब, सँभल के रहना है?

प्रोफेसर-3 : सूरदासजी, टट्टू आ रहा है। ऊपर के लेवल से।

महीपत : तो आ ही जाने दीजिए। मगर ऊपर के लेवल से यानी?

प्रोफेसर-4 : फ्रॉम चेयरमैन ऑफ अवर सोसाइटी।

प्रोफेसर-2 : हुजूर, आप जूनियर मोस्ट हैं। महीपत साहब, इस बात को नज़रअन्दाज़ मत कीजिएगा।

प्रोफेसर-3 : जूनियर और टेम्परेरी!

प्रोफेसर-1 : अगर टट्टू दुलत्ती झाड़ेगा तो आकाश-दर्शन करेंगे महोदय।

प्रोफेसर-3 : एक तो ऐसे ही मनेजिंग बॉडी में हड़कम्प मचा हुआ है कि कॉलेज डेफिसिट में चल रहा है।

प्रोफेसर-4 : सलेरी इज़ नो बडी गेटिंग इन टाइम।

प्रोफेसर-1 : रद्दी के भाव भी नहीं बिकोगे, मालूम?

प्रोफेसर-4 : बी केअरफुल भाई! आयम गिविंग यू एडवाइस।

[महीपत थर्रा उठता है। प्रेक्षकों की ओर आता है।]

महीपत : लाल रोशनी! वार्निंग बेल! नौकरी पै गाज! फिर बेकारी का चक्कर। तिनकों-तिनकों बनाया आशियाना फिर उजड़ता है। बैक टु ईश्वरभाई! सच कहता हूँ, अपनी तो पूँ खिसक गई। पहला उपाय यह समझ पड़ा कि बबना के सरपंच बाप का ज़ोर डलवाया जाए बबना के मार्फत।

फिर लगा, इतने ही में ये पत्ता खेलना ठीक नहीं। फिर? क्या किया जाए? हटाओ स्साला, पहले टट्टू तो आ जाए मैदान में, फिर देखेंगे उसकी उसको। अपन ने भी कोई मरी मैया का दूध पिया है भैनचो? (ताल ठोंकर) हो जाए स्साला!

[प्रोफेसरों का समुदाय एक स्वर में जैसे कोरस गाना शुरू कर देता है 'हो जाए, हो जाए, दंगल होय जाए।' गुड़िया जैसी एक नाजुक-बदन लड़की आती है और खाली कुर्सी पर बैठ जाती है। उसके हाथ में स्टेशनों पर बिकनेवाली सस्ती किताब है। बैठते ही वह किताब में सिर छिपा लेती है। पल्लू बाकायदा सिर पर जो कभी ढल नहीं पाता। आँखें किताब से बाहर नहीं देखतीं।

उसके आते ही कोरस समाप्त। सन्नाटा! प्रोफेसर फ्रीज! एक प्रोफेसर मुँह में उँगली डालकर सीटी बजानेवाला था, वह उसी हालत में जड़। सब फटी-फटी आँखें 'उसे' देख रहे हैं। महीपत मुड़कर उसकी दिशा में देखता है।]

महीपत : कौन? ये...येई है वो सिफारिशी टट्टू! ये? ये तो टटुआनी है। *(थूक निगलकर)* हमारी रोज़ी-रोटी पर इस बलाय की छाँह? *(प्रोफेसर-1 से धीमे से)* कौन है?

प्रोफेसर-1 : वई है।

महीपत : *(धीरे स्वर में)* वई यानी कौन?

प्रोफेसर-2 : अमाँ वही—टट्टू!

महीपत : हाँ-हाँ। मगर कौन है?

प्रोफेसर-3 : (धीरे से) भतीजी हैगी भइयन, भतीजी!

महीपत : किसकी भतीजी है?

प्रोफेसर-4 : चेयरमेन्स भतीजी।

प्रोफेसर-2 : नल्ली।

[महीपत अपना लॉकर खोलकर किताबें और

टर्मिनल की उत्तर पुस्तकों का गट्ठा निकालता है। सारे प्रोफेसर अपनी पहले वाली जगह पर आ जाते हैं।]

प्रोफेसर-2 : *(महीपत को ज़ोर से पुकारकर)* अजी, महीपत बभ्रुवाहनजी...

[नलिनी एकदम चौंककर देखती है सामने और तत्काल पल्लू सँभालकर किताब के पीछे छिप जाती है।]

प्रोफेसर-2 : आइए साहब, चाय तो पीजिएगा?

प्रोफेसर-1 : भाई, आज तुम्हीं पिलाओ।

प्रोफेसर-3 : सिरफ चाय ही तो माँगते हैं यार?

प्रोफेसर-4 : *(प्रोफेसर-3 को आँख मारकर)* लकी फेलो!

महीपत : *(मेज़ की ओर आते हुए नर्वस)* क्या हो गया?

प्रोफेसर-3 : *(प्रोफेसर-1 से)* पूछो, क्या बाकी रह गया? सब हो गया। हो ही गया। क्यों?

प्रोफेसर-1 : बिलकुल!

[घंटी बजती है]

महीपत : क्या? क्या हो गया?

प्रोफेसर-1 : घंटा। सुना?

[सब लोग महीपत और नलिनी को घूर-घूरकर देखते हुए पढ़ाने के लिए जाते हैं। रह जाते हैं महीपत और नलिनी। नलिनी शुरू वाले पोज़ में, किताब की आड़ में छिपी। महीपत का अगले पीरियड की तैयारी करने का नाटक।]

नलिनी : *(एकाएक)* मास्साब!

महीपत : *(चौंककर इधर-उधर देखता हुआ)* अँ!

[नलिनी किताब की आड़ में। महीपत यह सोचकर अपने काम में जुट जाता है जैसे वह वहम था।]

नलिनी : *(फिर एकाएक)* नल्ली...।

महीपत : *(सिर उठाकर)* जी हाँ, है। वो है न टंकी। उसमें है। टंकी में।

नलिनी : नईं, नल्ली। हम नल्ली। पानी नईं चइए।

महीपत : अच्छा-अच्छा! मुझे लगा...

नलिनी : आज सैं जाइन हो गई।

महीपत : गुड्!

नलिनी : लूलूबाबा ने कई के आपकौं रपोट करना।

महीपत : लूलूबाबा कौन?

नलिनी : अपनै प्रिन्सिपल हैंगे ना, उई। हमाए घर में ऊ लूलूबाबा कैलाते हैंगे। रोज़ घरैं आते ऊ। हाँ!

महीपत : अच्छा-अच्छा! लेकिन रिपोर्ट किसलिए?

नलिनी : आप हिन्दी के हेड होगे ना? हम लिक्चरार का काम करैंगे...आपई कै नीचैं।

महीपत : मेरे नीचे? *(प्रेक्षकों से)* ये धोबीपछाड़? यानी धीरे-धीरे इसे जमाके हमारा पत्ता कट्। और कैंची पर धार भी हमीं से कराएँगे? हम अपने ही हाथों अपनी चिता रचाएँ। अबे लूलूबाबा के! *(नलिनी से)* ठीक है।

[ज़रा देर दमघोंटू सन्नाटा]

नलिनी : त फिर? हम का करैं?

महीपत : बात यह है कि लूलू...सॉरी, प्रिन्सिपल साहब ने मुझे कुछ नहीं बताया। जब तक वो कुछ नहीं बताते, मैं भी आप से क्या कह सकता हूँ। है न?

नलिनी : *(ज़रा रुककर)* हम रुकैं, के जाएँ?

महीपत : मैं क्या कह सकता हूँ।

नलिनी : नईं, हम औ हमाई सएली सिनैमा देखने जा रए थे। जाएँ?

महीपत : आप ही तय कीजिए।

नलिनी : कल्ल कै बजे आएँ?

महीपत : जब आ सकें।

नलिनी : अच्छी बात। *(पल्लू सँभालकर, पर्स और किताब उठाकर जाती है।)*

महीपत : *(उसी दिशा में देखकर)* इससे मुकाबला हैगा? ठीक स्साला बगल में छुरा, गिरह में आग, आस्तीन का साँप! देख लूँगा मैं भी।

[उठकर जाता है। जाते-जाते प्रिन्सिपल से लगभग टकराता है।]

प्रिन्सिपल : *(महीपत को विद्यार्थी समझकर)* कैसे भटा-आँधरे हो जी। देखके चला करो। *(समझकर)* ओहो, महीपत जी हैं। कहिए, कैसा है असिस्टैंट?

महीपत : असिस्टैंट?

प्रिन्सिपल : क्यों? रिपोर्ट नहीं किया हमारी नली ने?

महीपत : जी, नली?

प्रिन्सिपल : अरे भाई लिक्चरार। आज ही उसे अपॉइंट किया है, आपके डिपार्टमेंट में।

महीपत : *(जैसे अब समझ पाया है।)* हाँ हाँ–वे? जी, मुझे लगा कि कोई बी.ए. वगैरा की स्टूडेंट होगी।

प्रिन्सिपल : हमने उससे कहा था कि आपसे कहे कि...

महीपत : जी, मगर ऐसी बातें लिखकर देना सबसे अच्छा। ये सिनेमा देखने गई हैं। कह रही थीं सहेली के साथ जाना है।

प्रिन्सिपल : *(हँसकर)* सिनेमा देखने का बेहद शौक है नली को। लेकिन आप उससे काम करा लीजिएगा, बीच-बीच में। ज़रा सँभाल लीजिए। बच्ची है अभी, हमारी नली।

महीपत : जरूर, जरूर!

प्रिन्सिपल : *(स्पेशल स्वर में)* अपने चेयरमैन साहब की भतीजी है।

महीपत : ओ हो! वाह फिर छोटी चेयरमैन ही कहिए। सँभालना ही पड़ेगा।

प्रिन्सिपल : क्या बात कही है! चलें। *(जाते हैं।)*

महीपत : मैं उसे सँभाल लूँ और उचित अवसर सँभालकर तुम मुझे चलता कर दो। लूलूबाबा। (चहलकदमी) मेरी पॉपुलेरिटी से कुढ़नेवाले प्रोफेसरों के लिए यह जश्न मनाने का मौका था। वे तालियाँ पीटकर खुशियाँ मनाएँगे...कटा साला

महीपत अपने-आप! हमने भी पक्का किया, पक्का किया कि बाज़ी उलटवा के ही रहेंगे। दो बड़ी अलमारियाँ स्टाफ रूम के एक कोने में रखवाईं। हिन्दी-विभाग के लिए पहले एक केबिन तैयार करवाया।

[मेज-कुर्सी के अगल-बगल अलमारियों के कटआउट्स रखकर कमरा तैयार। स्टाफ रूम की एक कुर्सी खींचकर कमरे में रखता है।]

महीपत : मिनी चेयरमैन लेक्चरार कुमारी नलिनी के लिए यह कुर्सी!

[नलिनी आकर कुर्सी पर बैठ जाती है और किताब में छिप जाती है।]

महीपत : बाज़ी आसान नहीं थी, कभी खेली भी नहीं थी और वही तो साली सबसे बड़ी मुश्किल थी। *(अपनी कुर्सी पर बैठ जाता है।)*

[पीछे स्टाफ रूम में कहकहा]

महीपत : कहिए नलिनी वह... *(जीभ काटकर)* कहिए, बच्चे कैसे हैं?

नलिनी : *(चमककर)* बच्चे? कौन के बच्चे?

महीपत : बच्चे...हमारे...मतलब कालेज के, यहाँ के...।

नलिनी : हूंम्? अ...का...

महीपत : का यानी? आप पीरियड लेती हैं न?

नलिनी : हाँ? पै लड़कन कौ कौन देखता हैगा?

महीपत : कौन देखता? फिर आप पढ़ाती कैसे हैं?

नलिनी : ऐसैंई। पढ़ाते वखत लड़कन कौं काए कौं देखना पड़ता हैगा?

महीपत : फिर कहाँ देखती हैं?

नलिनी : नाक की सीध में।

महीपत : नाक की सीध में? आखिर कभी तो निगाह इधर-उधर जाती होगी।

नलिनी : नईं जाती।

महीपत : कुछ सुनाई पड़ता होगा?

नलिनी : *(मुँह से आवाज बनाकर)* च्यक!

महीपत : च्यक?

नलिनी : का सुनाई पड़ता हैगा?

महीपत : लड़कों का...

नलिनी : को सुनता?

महीपत : यानी आप सुनती भी नहीं हैं? ये कैसे?

नलिनी : ऐसैं! *(पल्लू कानों के गिर्द पक्की तरह लपेटकर)* ऐसैं पल्लू लेओ त कछू नईं सुनाई पड़ता हैगा। हमाए खानदान का रिवाज हैगा। हमाई आजी नैं मरने सैं पैलें पल्लू सैं ऐसैंई सिर ढका, फिर मरी। चाएँ जैसें मरने का रिवाज नई हैगा हमारा। हाँ!

महीपत : यानी हमारे खानदान का यानी आपके खानदान का। एक ही बात।

[स्टाफ रूम में वाद-विवाद ऊँचे स्वर में। नलिनी किताब की आड़ में। उसका सिर और कान पल्लू में।]

महीपत : बहुत शौक था। बिला वजह मुँह चलाने का इन लोगों को... प्रोफेसरों को। उच्च कोटि के ज्ञान की साधना चला करती। बड़े ही मनोयोग से *(रुककर)* क्या पढ़ रही हैं?

नलिनी : च्यक्! काँ?

महीपत : पढ़ तो रही हैं। कौन-सी पुस्तक है?

नलिनी : *(खुद कवर पढ़कर)* 'जानी दुश्मनी'।

महीपत : जानी दुश्मनी? दुश्मनी किसलिए?

नलिनी : होएगी माय। जान कैं लिए होएगी।

महीपत : जान के लिए?

नलिनी : नईं त और काय कैं लिए?

महीपत : आप पढ़ रही हैं न? आप ही बताइए।

नलिनी : को पढ़ रिया हैगा?

महीपत : आप...

नलिनी : किताब? देखनैं कैं लिए हैगी किताब।

महीपत : देखनैं के लिए?

नलिनी : हाँ। चार जनन में लुगाइयाँ कोऊ का मैं नईं देखती हैंगी हमाए खानदान मैं। किताब होए त उ मैं देखती।

महीपत : ओहो! यानी आप किताब पढ़ती नहीं हैं, सिर्फ देखती हैं, तो फिर उसकी कोई ज़रूरत नहीं है। यहाँ कोई नहीं है। यानी हम दोनों को छोड़कर...

[गले में अटकाव महसूस करके खाँसता है।]

नलिनी : का हो गया?

महीपत : कुछ नहीं, गले में कुछ अटक गया...*(स्टाफ रूम में कहकहा)* हमीं दोनों हैं यहाँ। किताब की ज़रूरत नहीं है।

नलिनी : हैगी।

महीपत : *(ज़रा नर्वस)* है?

नलिनी : हैगियई। *(किताब की आड़ में चली जाती है।)*

महीपत : *(प्रेक्षकों से)* हैगियई। है ही। तात्पर्य, मेरे प्लान की सफलता में प्रिन्सिपल, अन्यान्य प्रोफेसर, चपरासी, लड़के... इन सबके साथ खानदान का रिवाज भी जबरदस्त रुकावट बननेवाला था। सामने किताब, दोनों तरफ पल्लू की झाँपी कसी हुई। नलिनी एक दुर्गम खानदानबाज़ किला। बताइए, सर करें तो कैसे करें? दूसरा कोई रास्ता भी नहीं था। या तो नलिनी का हाथ थामना था या फिर हई है बेकारी का ढोलना। एक भयानक समस्या। *(रुककर)* बबना याद आया।

[मोटर साइकिल की आवाज, कान फाड़ देनेवाली। डाउन स्टेज़ में बबना।]

बबना : *(आकर)* रामराम मास्साब!

महीपत : रामराम! क्यों बे बबना, आज साले हियाँ कालेज में। औ' उ भी पढ़ने-लिखने के टैम? ऐं?

बबना : नईं, ज़रा काम निकड़ आया, सो कई, दरसन दै आएँ। दो चार लड़कन सैं वसूली सोई करने हैगी साली। लगे हात हाजिरी सोई टैंकवा आएँ, सो आयो। बस्स। कछू बीड़ी-ईड़ी सिगरेट होए तो कढ़ने दोओ मास्साब!

महीपत : आज सिरफ तमाखू हैगी।

बबना : ऊ आपई भसकौ। *(गोल्ड फ्लेक सिगरेट निकालकर लाइटर से जलाता है।)* हमनैं सुनी मास्साब के आपकैं इश्टाफ रूम में नई चिरैया आई हैगी।

महीपत : *(अलार्म्ड)* तुम्हें कैसे मालूम हुआ?

बबना : मालूम हुआ, एल्लो! ऊ पै नजर हैगी हमाई।

महीपत : *(ज्यादा अलार्म्ड)* नजर मतलब?

बबना : उके ई पीछैं पिद रए आपन, मास्साब!

महीपत : *(सँभलकर)* ऊ के ई पीछैं?

बबना : हाँ! लड़की स्यानी हुई, ऊ के पैले सैं।

महीपत : *(फिर पहेली)* वो किसलिए?

बबना : किसलिए? न पूछो मास्साब! ऐसैं कछू खास बजे नईं हैगी, टैम पास कै लो।

महीपत : अच्छा-अच्छा! टैम पास।

बबना : मतलब ऊतई टैम पास। टैम पास मतलब...अब कैसें बताएँ के आपकी समझ मैं आए? हाँ, बखत कट जाता हैगा।

महीपत : *(प्रेक्षकों से)* फिर साला वोई झंझट। जो मेरे लिए जीवन-मरण का सवाल है, वही मेरे आश्रयदाता के लिए टैम पास है। आश्रय पाने को जहाँ हाथ रखते हैं, वहीं साला गड्ढा।

बबना : *(आँख मारकर)* मास्साब, चिरैया टंच हैगी के नई? गखनेदार!

महीपत : *(ज्यों-त्यों)* ऊंम...हाँ, यों ही कह लो।

बबना : अपन एक टैम त कई पकड़ई केईं रएँगे मास्साब, देख लैना।

महीपत : एक टैम?

बबना : कम-सै-कम। ज्यादा-सै-ज्यादा कितेई टैम?

महीपत : हाँ-हाँ...। कित्तेई टैम! *(फ़क)*

बबना : पै एकई मुस्किल हैगी।

महीपत : *(प्रेक्षकों से)* हमारी भी। *(बबना से)* कैसी मुस्किल?

बबना : ई न पूछो मास्साब! ऊ का बाप।

महीपत : अरे हाँ! *(थूक निगलकर)* उसका बाप ही तो।

बबना : मतलब के...मुश्किल पैलेवारी की नईं हैगी।

महीपत : ठीक कहते हो, बादवाले की है।

बबना : ऐसा हैगा मास्साब, के ऊका बाप और हम मैं रिश्तेदारी हैगी। और रिश्तेदारी भैन की नंगीच की हैगी। हमाए बापजू मार चूतड़ पै लातैं हमकौं निकाड़ बाअर कर दैंगे।

महीपत : अच्छा!

बबना : औ बाप न राखै अपन कौं, त कैसे चलै? काए सैं के ऊ की सरपंचगीरी पै ई त अपन गुलछर्रे उड़ा रए हैंगी। ऐसी हैगी साली पिराबलम। *(लम्बा कश)*

महीपत : समझ गया, समझ गया। *(आशा से)* फिर?

बबना : फिर हैंगी निगाय मैं दो चिरैया और।

महीपत : अच्छा? *(प्रेक्षकों से)* इसके साले के तीन-तीन रास्ते। हमारा एक ही। हमारा भविष्य एक ही चिरैया की चोंच से टँगा हुआ। *(बबना से)* देखो बबना, मेरा कहना यह कि...

बबना : बोलौ—बोलौ मास्साब!

महीपत : छोड़ भी दे यार!

बबना : छोड़ दे?

महीपत : तीन में से एक उड़ गई।

बबना : काँ उड़ गई?

महीपत : फिर भी दो तो बाकी।

बबना : काए? तीन की तीन काए नई? और मास्साब, हम त ई कै केत्ते चार काए नईं?

महीपत : *(फँस गया है)* हाँ, बात तो ठीक है।

बबना : छोड़ दे सो नामरद। ऐसा आदमी अपनी मईया का सपूत ई नईं। ऊ बैंगन का भुरता भैनचो। पकड़े सौं मरद, छौड़ै सौं...

महीपत : नामरद। *(प्रेक्षकों से)* यानी बहुत करके हम *(रुककर)* मगर ने ऽ ईं। अपन अविरोध नामर्द बनने को तैयार नहीं है। यकायक दिमाग में बिजली कौंधी *(बबना से)* बबना, मती छोड़।

बबना : जँचा?

महीपत : अबे फोकट में टैम मती गँवा यार, तू पकड़।

बबना : *(सशंक)* पकड़?

महीपत : पकड़।

बबना : *(इन्स्पायड)* पकड़ लें।

महीपत : हाँ-हाँ पकड़।

बबना : *(पूरी तरह इन्स्पायड)* पकड़ लिया। मान लेयो पकड़ लिया मास्साब! पै हैगी काँ ऊ? *(मंत्र-चालितसा सीटी बजाकर 'उ' को ढूँढ़ता हुआ घूमता है। जाता है, क्योंकि 'उ' मंच पर नहीं है।)*

महीपत : दाँव वैज्ञानिक था, मगर खतरनाक था। इधर बबना जैसे बाज के पीछे पड़ने की देर, उधर चिरैया सीधे अपनी झोली में। अपनी झोली में या किसी और के जाल में...पर चारा नहीं था। जोखम उठाई थी, पासा चला जा चुका था।

[परेशान बबना बेकाबू-सा दौड़ता हुआ आता है और महीपत से टकराता है।]

महीपत : *(अचरज से)* कौन, बबना? तुम? क्या हो गया बे भड़ुए?

बबना : *(घबराकर)* मारे गए मास्साब!

महीपत : कैसे? बाप ने मार चूतड़ पै लात बाहर कर दिया क्या?

बबना : नईं।

महीपत : फिर?

बबना : ऊ चिरैया...हमाए रिस्तेदार की भतीजी...नली...

महीपत : हाँ-हाँ! उसने क्या किया? उसने लात मारी क्या?

बबना : बाप उतर आए ऊ का सुरंग सैं चाएँ, पै हमें हात नईं लगाता हैगा। हाँ, बबना गुरु हैंगे हम।

महीपत : अरे भई, हुआ क्या आखिर?

बबना : होना का? मिलई गई लुहार पाड़ा के ऊ तरफ...हम ई तरफ और लुहार पाड़ा ऊ तरफ। कौउ नईं था आस-पास...भोरई से घात लगाकें बैठे थे मास्साब...

महीपत : फिर?

बबना : फिर का? पकड़ लिया हात...

महीपत : *(धड़कते दिल से)* पकड़ लिया? फिर?

बबना : फिर का मास्साब...

महीपत : क्या हुआ?

बबना : मिरगी आ गई मास्साब! *(महीपत को पकड़कर खड़ा रहता है।)*

महीपत : *(सन्देहपूर्वक)* सो कैसे?

बबना : *(थरथर काँपता)* ऐ सैंई।

महीपत : ऐसे ही?

बबना : हओ।

महीपत : अरे, मगर ऐसे ही मिरगी कैसे आ गई?

बबना : एल्लो! हम का झूठीयई जड़ रए? *(अभी तक महीपत को पकड़े रखा है)* अभी तलक करंट मार रिया मास्साब, सीना धौंकनी हो रिया *(महीपत का हाथ अपने सीने पर जबरदस्ती रखकर)* सुनौ।

महीपत : उसने कुछ नहीं किया?

बबना : अपने करने दैंगे उनकौं कछू? अरे ज्जा।

महीपत : और मिरगी आ गई अपने-आप। ऐसैं ई।

बबना : *(हाँफकर)* ऐसैंई। जरा दम मैं दम आनै देऔ मास्साब! अबी कछू नई पूछौ।

महीपत : *(प्रेक्षकों से)* यह एक अजूबा था, अभूतपूर्व। *(बबना से)* मगर बबना, भड़...

बबना : *(इशारे से चुप रहो कहकर दम लेता है। फिर उठकर)* अब पूछौ। नईं त पूछौई नईं। हैगाई का पूछनै काबिल। का हैगा?

महीपत : दम...फिर मिरगी आ जाएगी। लम्बी साँस ली।

बबना : ली।

महीपत : अब अच्छी तरह याद करके बताओ। तुमने उसका हाथ ही पकड़ा था न? यानी उसी का हाथ पकड़ा था? या शुरू में...तुमने दरसल किया क्या?

बबना : हाथ पकड़ा? ई हैगा त, ई हाथ सैं।

महीपत : उसी का हाथ था।

बबना : हओ, ऊकई हात।

महीपत : *(बबना का हाथ पकड़कर)* ऐसे?

बबना : *(अपना हाथ छुड़ाकर महीपत का हाथ पकड़कर)* नईं, ऐसैं।

महीपत : अबे, धीरे जरा। फिर क्या हुआ?

बबना : बाप याद आया।

महीपत : बाप! दट्स इट्। यू रिमेम्बर्ड योर बाप–प्रीन्स फादर, दट इज़ सरपंच। और तुम्हें मिरगी आ गई।

बबना : रैट। आ गई।

महीपत : बापजू की लातों की याद से?

बबना : बिलकुल गलत। लातैं माबदौलत नैं छुटपन सैं खाई हैंगी। लातन सै नईं डरते हैंगे हियाँ? पै अगर घर-निकाला दे दै बाप तौ? बापई की सरपंचगीरी पै त अपनी सब कहूँ पूछ होती हैगी। हैगी के नईं?

महीपत : अच्छा?

बबना : भैनचो तभी ई करम हो गया, जब नई होने चइए था स्साला!

महीपत : अच्छा हुआ।

बबना : का कई? *(ज़रा डेंजरस)*

महीपत : बुरा ही हुआ, कहा।

बबना : ई बात। कायदे सैं बोलौ मास्साब! अभी तलक बाप ने घर में सैं काड़ा नई हैगा अपन कौ।

महीपत : मंजूर।

बबना : हाँ।

महीपत : अब आगे क्या?

बबना : का आगैं, का पीछैं मास्साब! दिल कौं भौतई, तकलीफ हो रई हैगी। सीना फाड़के दिखा एँ त ऊमैं ई डबल-डबल घाव दिखाई पड़ैगा *(दिखाकर)* इत्ता होए गई होएगा। *(रुककर)* आज दानापानी करने की तबियत नईं हो रई। नींद भी नईं आएगी साली। क्या जिनगानी हैगी मइयो की? ज़रा ऊ तरफ जाना, सरकौ नई। हाँ अब सुनौ... *(पोज़ में आकर)* तुजसैं इत्ता भी ना हो सका गालिब, हाए साले ऐसैं जीने सै भाड़ मैं काए नईं जाता?

महीपत : वब्बाह! सुभान अल्ला! जो हुआ, बहुत बुरा हुआ। मगर मैं पूछता हूँ कि तुम दुबारा कोशिश क्यों नहीं करते?

बबना : हँः।

महीपत : क्यों?

बबना : जाने दौ मास्साब! अपना रामबान काम करते हैंगे। पैलेई झपाटे मैं फतै त फतै। नईं त गया साला गधे की ऊ मैं। ई चिरैया मास्साब, हम छोड़ दिया।

महीपत : *(प्रेक्षकों से)* समझ में नहीं आ रहा था कि यह जो कह रहा है वो अपने फायदे का है या टोटे का? *(बबना से)* ये भी ठीक है। बबना गुरु, सिर सलामत रहे, पगड़ियों की क्या कमी है?

बबना : मास्साब, जरा सरकना। *(पोज़ लेकर)* हम आस्मान सैं टकराए, तूफान सैं गुजर गए, दरिया कौं एक उलांघ मैं पार किया। लेकिन हाए गालिब, एक लड़की नैं हमारी मार दी। *(दाद पाने के लिए हथेली फैलाकर)* ई अन्दरवारा दिल बोल रिया है। मास्साब, अन्दरवाला दिल! बस्स, चल दिए। *(हिन्दी फिल्मों के मायूस हीरो की तरह एक-एक कदम उठाता हुआ जाता है।)*

[बबना की मोटर साइकिल के स्टार्ट होने की प्रचंड आवाज़। मोटर साइकिल के दूर चले जाने की आवाज़। पीछे के हिस्से में सिर पर पल्लू डाले नलिनी आती है और अपनी नियत कुर्सी पर बैठकर किताब में छिप जाती है।]

महीपत : गालिब, नहीं, बबना चला गया। मैदान अपने लिए खाली हो गया था, मगर अहम सवाल यह बाकी ही था कि तोप कैसे दागी जाए। जबरदस्त नाकाबन्दी थी।

[जैसे ही उसके सामने जाकर बैठता है, नलिनी किताब पटककर उसके पास जाती है और उससे लिपटकर फफक-फफक कर रोना शुरू कर देती है।]

महीपत : *(प्रेक्षकों से)* अर्रर! गालिब, ए गालिब! कहाँ गया गालिब? *(नलिनी से)* नलिनी...नलिन्...नलिनीजी रोइए मत। नलिनी, क्या हो गया? अँ! कोई देख लेगा नलिनीजी...वहाँ बैठके रोइए...नली...नल्नी, शान्त हो जाइए...बस...बस बहुत हुआ...क्या हो गया हमारे राजा बेटे को? *(पुचकारकर)* नल्नी...*(उसकी पीठ सहलाता है। एकाग्रतापूर्वक)*

[नलिनी एकाएक उससे दूर होकर अपनी कुर्सी पर बैठ जाती है और पल्लू व किताब की आड़ में छिप जाती है। महीपत अचरज से देखता है।]

महीपत : *(सँभलकर और गला साफ कर)* कहिए, कैसी हैं? *(आवाज फट जाती है)* यानी ठीक है न। अब?

नलिनी : *(किताब में देखकर)* ई बिसै हिंयई समापत हो गया।

महीपत : *(प्रेक्षकों से)* अरे स्साला?

नलिनी : *(किताब में देखकर)* मास्साब, अबी जो हुआ, ऊ हुअई नईं, ऐसैंई समजना चइए। दो ई कौं।

महीपत : *(प्रेक्षकों से)* कमाल है।

नलिनी : *(किताब में ही देखकर)* किरपा करकैं ई बात कोई सैं मति कैना। भूल-चूक हो गई होए, त छिमा करना। *(सिसकी लेकर नाक से 'सूँ' की आवाज निकालती है।)*

महीपत : क्षमा करने की क्या बात है? उल्टे, अगर मेरी वजह से आपको अच्छा लगा हो तो प्रसन्नता का विषय है। *(प्रेक्षकों से)* एक जवान छोकरी सीने पर सर रखकर आँसू बहाती है, इसमें बुरा लगने की क्या बात?

नलिनी : *(किताब में देखकर)* हमें अच्छा लगा।

महीपत : क्या कहा तुमने? नहीं, आपने। कम से कम इतना ही ज़रा इस तरफ देखकर दुबारा कहिए न?

नलिनी : *(पल्लू से दोनों आँखें पोंछकर)* ऊ हमाए खानदान का रिवाज़ नईं हैगा।

महीपत : रिवाज नहीं है तो रहने दीजिए। मगर इतना तो हमें बताएँगी कि ऐसा कौन-सा कष्ट हुआ कि...*(प्रेक्षकों से)* या इसका भी रिवाज नहीं है?

नलिनी : *(किताब में देखकर)* कैसे कएँ, कछू समझ मैंई नई आता।

महीपत : कहिए तो। आ जाएगा समझ में, धीरे-धीरे (रुककर) हाँ कहिए।

नलिनी : एक...*(रुलाई रोकने के लिए पल्लू मुँह में ठूँस लेती है। फिर निकालकर किताब पर आँखें जमा देती है।)* मास्साब, हमाए...खानदान के नाम मैं...हमाए हात सैं...बट्टा लग गया...*(शोकावेग और दुबारा पल्लू मुँह में ठूँस लेती है। फिर पल्लू निकालकर किताब पर आँखें जमा देती है।)* मैंने खानदान की इज्जत डुबो दी...पूरे खानदान में कभी कोई नैं नईं किया, ऊ हमाए हात सैं हो गया...*(गला भर आता है।)*

महीपत : *(आर्द्र हो जाता है)* ऐसी भी क्या बात है नली! किसी किसम की मदद चाहो तो मैं तैयार हूँ। गलतियाँ हो जाती हैं आदमी के हाथों...हम सुधार लेंगे...

नलिनी : *(निगाह किताब में)* ई गलती सुदर नई सकती हैगी।

महीपत : क्यों? क्या मामला बहुत आगे बढ़ चुका है?

नलिनी : *(किताब में देखकर)* हमारा बायाँ हात काट कैं फैंक देवैं, ऐंसा मन करता हैगा मास्साब!

महीपत : *(शंकाकुल)* क्यों?

नलिनी : बायाँई हात पकड़ा था ऊनैं।

महीपत : उनैं? किसने? बबना ने?

नलिनी : मास्साब...*(फूट-फूट कर रोती है। इस बार सिर्फ किताब की तरफ देखती है। जल्दी ही प्रकृत होती है। निगाह किताब पर।)*

महीपत : ओह! बबना ने हाथ पकड़ लिया इसलिए रो रही हो तुम? धत्तेरे की! तुम पागल हो या बावली? नली, खुद बबना आके आँसू बहा गया अभी-अभी। बड़ा अफसोस था बेचारे को कि तुम्हारा हाथ पकड़ लिया। सच तुम्हारी कसम।

नलिनी : *(किताब में देखकर)* पै मास्साब, खानदान की इज्जत का होएगा?

महीपत : *(उसके पास सरककर)* देखो नली, खानदान की इज्जत

काँच की बनी नहीं होती कि कोई किसी का हाथ पकड़ ले तो इज्जत ही डूब जाए। और अगर वो हई इतनी फालतू चीज तो कल की डूबती आज डूब जाए। रोओ मत नली! आँसू पोंछो। शोक समेटो। सुनती हो!

नलिनी : *(किताब में देखकर)* हओ, समेट लिया। *(रुककर)* आप भौतई स...स...सहिरदे हौगे मास्साब! औ समजाते भी कैसे झहई सैं।

महीपत : खासियत है अपनी-अपनी और जनाब, वो 'जानी दुश्मन' ज़रा परे रखिएगा, नहीं तो अपनी ही उससे जानी दुश्मनी ठन जाएगी। हाँ!

[लीजिए, नलिनी हँसती है, मुँह पर पल्लू रखकर हँसती है। महीपत निर्निमेष दृष्टि से देखता रह जाता है। दूध में मक्खी की तरह से दो प्रोफेसर स्टाफ रूम में घोड़े की हिनहिनाहट से मिलती-जुलती हँसी हँसते हुए आ टपकते हैं। नलिनी अपनी 'जानी दुश्मनी' में और महीपत दूसरे ग्रन्थ में डूब जाते हैं।]

महीपत : *(ग्रन्थ रखकर डाउन स्टेज में)* इस तरह किला सर करने से पहले ही कब्जे में आ गया, खुद-बखुद। हथियार चलाने से पहले ही लड़ाई खतम हो गई, विजय हो गई। पूरी-पक्की विजय। जय ईश्वरभाई! जय बबना!

[प्रोफेसर मंडली महीपत के सामने कतार बाँधकर खड़ी हो जाती है। अन्य प्रोफेसर भी आते हैं।]

प्रोफेसर-1 : कहिए प्रोफेसर महीपत बभ्रुवाहनजी, आजकल दिखाई नहीं पड़ते, कहाँ रहते हैं?

महीपत : यहीं। कालेज में?

प्रोफेसर-2 : हम तो हुजूर के दीदार को तरस गए।

महीपत : वो क्यों?

प्रोफेसर-3 : काए, अच्छे हौगे?

महीपत : मुझे क्या हो गया?

प्रोफेसर-3 : नईं, हमनै कई, अच्छेई रैना।

महीपत : अच्छे ही हैं।

प्रोफेसर-4 : फॉरगेट अस नॉट, मिस्टर महीपत!

महीपत : फॉरगेट क्यों। बिल्कुल नहीं।

प्रोफेसर-1 : टट्टू कैसा है प्यारे?

महीपत : टट्टू? हाँ-हाँ, टट्टू। अच्छा है। अच्छा काम करती हैं वे।

प्रोफेसर-3 : वे?

महीपत : हाँ, मिस नलिनी। हमारे डिपार्टमेंट की नई महिला।

प्रोफेसर-2 : महिला। ग़ज़ब कर रहे हैं हुजूर!

महीपत : कैसे? महिला नहीं है वो?

प्रोफेसर-1 : काम तो अच्छा करती है न? बस्स। ज्यादा काम न कराया कीजिए उनसे।

महीपत : ज्यादा कहाँ।

प्रोफेसर-3 : महीपतजू भौतई सहिरदै हैंगे।

प्रोफेसर-4 : ही हैज ह्यूमनिज्म।

प्रोफेसर-2 : *(महीपत से)* ज़रा आप भी एहतियात बरतिएगा।

प्रोफेसर-3 : माइनारिटी जाँतवारे हैंगे आप।

महीपत : जी, मैं तो...

प्रोफेसर-3 : कछू मदद चइए होए त बताना भइयन...

महीपत : अवश्य, अवश्य...*(मन में सशंक)*

प्रोफेसर-1 : चलें?

महीपत : हाँ-हाँ, ज़रूर।

प्रोफेसर-2 : चलें।

महीपत : जी!

प्रोफेसर-4 : पार्टिंग इज़ सच स्वीट सॉरो...

महीपत : नहीं, ऐसी क्या बात। ये तो चलता ही है। कभी-न-कभी...

[कोई नहीं जाता। सब वहीं अड़े हैं।]

प्रोफेसर-4 : स्पीक, सियावर राम...।

अन्य : चन्द्र की जै!

प्रोफेसर-2 : प्रोफेसर महीपत ब्रभुवाहन जी की...।

अन्य : जै!

[महीपत दिग्मूढ़ बना देखता है। सब प्रोफेसर जाते हैं।]

महीपत : *(प्रेक्षकों से)* कुछ देर बाद उजियारा हुआ दिमाग-शरीफ में कि साले सब मिलके चूतिया बनाने आए थे। मैं माइनारिटी जातवाला हूँ, यानी मैनेजिंग बॉडी में मेरी जात का कोई नहीं है। सब मुझसे ऊँची जात वाले हैं। मतलब, फुरती से कदम उठाने होंगे। वक्त ज्यादा नहीं है। ज़रूरी है कि दुश्मन की शिकायत शाही तख्त के सामने रजिस्टर होने से पहले मेरी मोर्चाबन्दी पुख्ता हो जाए। जय बजरंग!

[नलिनी के नजदीक जाता है, जो किताब और पल्लू की आड़ में छुपी बैठी है।]

महीपत : नली!

नलिनी : *(किताब रख उठकर)* प्रीतम!

महीपत : *(चौंककर दूर सरककर)* हैं! ऐसी उतावली अच्छी नहीं।

नलिनी : मगर तुमसैं अलग मुजसैं रआ नई जाता हैगा जानेमन!

महीपत : मुझसे भी नहीं रहा जाता प्यारी, लेकिन रात दुश्मन की है।

नलिनी : का कै रए मास्साब, रात कां हैगी, दिनई त हैगा।

महीपत : ठीक है। दिन दुश्मन का है। हमारे बैरी चारों ओर घात लगाए बैठे हैं। नली...।

[नई रंगीन रोशनी में घात लगाए बैठे प्रोफेसर शिकारी जैसे दिखाई पड़ते हैं। सब लोग तरह-तरह से इन्हें देखने की कोशिश में हैं।]

नलिनी : त फिर? का करैं? मेरा धीरज छूटा जा रिया है, प्यारे! मेरा धीरज...

महीपत : जब धीरज जाता रहता है तभी धीरज धारने में धीरोदात्त प्रेम की प्रथम परीक्षा होती है, प्रिये!

नलिनी : हाए, कैसा खपसूरत सेन्टेन्स हैगा। याद कर लैं।

महीपत : होशियार! पल्लू सर पर, निगाह नाक की सीध में 'जानी दुश्मन' में और मुख पर गम्भीरता। *(खुद जैसे पेपर जाँचने*

में डूब जाता है।)

नलिनी : (रुककर) मगर हमैं त अपना हिरदै खोलना हैगा तुमाए सामनैं, अपने पवित्र प्रेम की धार सैं नैलाना हैगा तुमैं...

महीपत : फिलहाल वो लिखके ही करो। खत लिखो मुझे, खत।

नलिनी : खत?

महीपत : हाँ! किताब में देखती रहो और खत लिखो।

नलिनी : तुम हमाए सामनैं चौबिस घंटे त...

महीपत : कोई चारा नहीं है नली!

नलिनी : काए मास्साब, कित्ता मजा आएगा खत लिखने में? हैगा ना?

महीपत : हाँ, जरूरत आएगा। मगर चेहरा गम्भीर बनाना होगा मिस नलिनी!

नलिनी : ऐसा किते दिन करना होएगा मेरे दुलारे?

महीपत : कुछ दिन मिस नलिनी; लिखा खत?

नलिनी : नईं मेरे प्रीतम। *(जीभ दाँतों तले रखकर)* नईं मास्साब। अबी लैओ। *(कागज लेकर लिखना शुरू कर देती है। एकाध बार जीभ से नाक छूकर लिखती है। मग्न हो जाती है। महीपत को चोरी-चोरी देखती है।)*

[प्रोफेसर लोग इधर-उधर के फालतू काम करते हैं, पर ध्यान इनकी तरफ।]

प्रोफेसर-3 : *(उठकर महीपत के काम-चलाऊ केबिन में जरा घुसकर)* महीपतजी, ये वो...*(नलिनी को ध्यान से देखकर पूरा तखमीना लेकर)* वो सीता स्वयंबर वाली किताब...

महीपत : क्या 'सीता-स्वयंबर' का पुरग्राम बनाया है दूल्हासिंघ जी? *(खुद ठहाका लगाकर दाद पाने के लिए हाथ फैलाता है। प्रोफेसर-3 झख मारकर हाथ मिलाता है। महीपत पुस्तक पकड़ाता है।)*

प्रोफेसर-3 : सॉरी, भाई! आपको डिस्टर्ब किया...

महीपत : कोई बात नहीं। जब तबियत करे, किया कीजिए। ऍट योर सर्विस। मिसनलिनी, हो गया? बहुत देर लगाती हैं आप। किसने लिक्चरार बना दिया आपको?

[प्रोफेसर-3 भुनभुनाते हुए अपनी कुर्सी पर बैठ जाते हैं। नलिनी लिखा हुआ पत्र महीपत को देती है और झेंपकर पल्लू ठीक करती हुई किताब में आँख जमाकर पत्थर की मूर्ति बन जाती है।]

महीपत : *(प्रेक्षकों से)* खत में क्या लिखा होगा, ये आप जानते ही होंगे। *(पत्र पढ़कर थ्रिल महसूस करता है, मगर फिर प्रोफेसर का चेहरा बनाकर)* ढेर सारी गलतियाँ इस्पेलिंग की। मिस नलिनी आप 'न' और 'ण' का फर्क नहीं जानतीं जैसा बोलती हैं, वैसा ही लिखती हैं। और आप लड़कों को पढ़ाएँगी? क्या खाक पढ़ाएँगी?

नलिनी : *(किताब में देखकर)* ऐसैं ना बोलौ प्रीतम! हिरदै टूक-टूक होता हैगा।

महीपत : *(पत्र को काम्पोज़ीशन की तरफ सुधारते हुए)* हिरदै नहीं, हृदय। टूक-टूक होता हैगा, क्यों? *(धीरे से उसका हाथ दबाकर)* बहुत अच्छे, ज्जियो! होने दो टूक-टूक। ज़रा आदत डालिए, तब ज़्यादा नहीं होगा टूक-टूक, आई मीन गलतियाँ। *(पत्र तहाकर जेब में रखता है। बाहर घंटी बज उठती है। नलिनी सिस्टमेटिक तरीके से उठती है। एक मरतबा प्राणलेवा ढंग से देखती है और संयम धारण करके जाती है।)*

महीपत : *(डाउन स्टेज पर आकर)* देखते-देखते चौदा खत इकट्ठा हो गए। सबका मजमून वही। वही चींटी की टाँगनुमा जनाना हस्ताक्षर इधर कटा, उधर कटा। अनगिन गलतियों से भरा। एक मासूम, अल्हड़ हृदय का प्रेम प्रलाप। सारे खतों को बड़ी हिफाजत के साथ रखता जाता था, सबूत के तौर पर। मौका पड़े तो इस्तेमाल करने की नीयत से। जब खड़े ही हैं युद्धक्षेत्र में तो ये कहना ही बेमानी है कि ये उचित है, वो अनुचित। प्रेम और लड़ाई में कुछ भी करो, सब क्षमा है। और वहाँ प्रेम भी था, लड़ाई भी थी।

[नलिनी लेडीज छाते में छिपी-छिपी डाउन स्टेज आती है। महीपत के निकट।]

नलिनी : *(इधर-उधर देखकर)* प्रीतम...

महीपत : *(नाक के सामने देखकर)* क्या है नली?

नलिनी : चिट्ठी लिखते-लिखते अँगुरियाँ पिरानै लगी हैंगी, सच्ची और कित्ते दिना चिठ्ठियई चिट्ठी लिखनै पड़ेंगी?

महीपत : 'दिना' नहीं 'दिन'। 'दिना' ग्राम्यदोष है।

नलिनी : अच्छा 'दिन'। पै वोई ना? बौत लम्बे होतै हैंगे दिना, नई 'दिन'। अब नईं सबर करतै बनता।

महीपत : *(यहाँ-वहाँ देखकर)* सब्र करते बनता।

नलिनी : ए, हम का कै रए औ आप इस्पेलिंग की गलती निकाल रए हौगे। बड़े आए मास्साब। हाँ त!

महीपत : *(नाक की सीध में देखकर)* वो फालतू में। पॉइंट समझ गया।

नलिनी : फिर?

महीपत : फिर क्या। मेरे घर का सवाल ही नहीं उठता, क्योंकि घर अपना हई नहीं। तुम अपने घर बात चलाओ।

नलिनी : हमैं सच्ची भौतई डर लगता हैगा।

महीपत : डर लगेगा तो आगे कुछ नहीं हो सकेगा।

नलिनी : सो त ठीक। पै...

महीपत : इसमें डरने की बात ही क्या है, मैं पूछता हूँ। *(किसी गुज़रनेवाले से डरकर पीठ करके खड़ा हो जाता है। उसे गया हुआ जानकर फिर सामने आ जाता है।)* हम एक-दूसरे से सच्चा प्यार करते हैं न?

नलिनी : हओ।

महीपत : एक-दूसरे से अलग रहकर जी नहीं सकते न?

नलिनी : नईं ना प्रीतम।

महीपत : बस तो हो गया। तुम निर्भय होकर अपने काका से कह देना...

नलिनी : हमैं डर लगता हैगा ना, मास्साब...

महीपत : ज़रा ठहर जाओ। कोई आ रहा है शायद। *(देखकर)* कोई नहीं है। अब बोलो।

नलिनी : तुम काए नईं पूँछते हौगे?

महीपत : किससे? तुम्हारे काका से? *(सिटपिटाकर)* बात ये है

नलिनी कि मेरा पूछना कायदे के मुताबिक नहीं होगा। और मान लो कि इतने से में ही बात बिगड़ जाए तो बेकार...

नलिनी : तुमई पूँछौ।

महीपत : नहीं, तुम्हारा ही पूछना वाज़िब होगा।

नलिनी : नई, तुमई पूँछौ...

[इनकी बातचीत के समय टब्लो।

सारे प्रोफेसर प्रिन्सिपल को नलिनी और महीपत का किस्सा सुना रहे हैं और प्रिन्सिपल के मुँह पर शंका, क्रोध, अविश्वास, निश्चय के रंग आ रहे हैं, जा रहे हैं। आखिरकार प्रोफेसर मंडली प्रिन्सिपल में पूरी हवा भर देती है। सब लोग उठकर ऑफ स्टेज जाते हैं।]

महीपत : ठीक है। मैं विचार करता हूँ। तो अब चलूँ नली?

नलिनी : एक दफै देखौ न हमाई तरफ प्रीतम! *(भीतर से भर आती है।)*

महीपत : हाँ-हाँ। मिलेंगे। कालेज में...।

[नलिनी दूसरी दिशा में चली जाती है। महीपत भी। अब स्टेज पर नलिनी के काका उर्फ 'सीना' आकर कुर्सी पर बैठ जाते हैं। अपने साथ दुनाली लेकर आए हैं, उसकी सफाई करते हैं। दूसरी ओर से प्रिन्सिपल आता है। दोनों के वार्तालाप का माइम। प्रिन्सिपल बहुत प्राइवेट किसम की बात बता रहा है। नलिनी के काका सुनते-सुनते इतना प्रक्षुब्ध हो जाते हैं कि दुनाली प्रिन्सिपल पर ही तानते हैं अर्थात कल्पित महीपत पर। प्रिन्सिपल उन्हें शान्त करने की कोशिश करता है। इस माइम के साथ ही।]

नलिनी : *(एक तरफ से आकर महीपत से, जो दूसरी तरफ से आया है)* फिर का करैं अपन?

महीपत : क्या करें?

नलिनी : तुम पूँछौ ना?

महीपत : नहीं, तुम्हीं पूछौ...

[दोनों अपने-अपने गिर्द घूमते हैं।]

नलिनी : हमनैं पैलेंई कै दिया, हमैं डर लगता हैगा...।

महीपत : डरने की क्या बात है, मेरी समझ में ही नहीं आता। ज्यादा से ज्यादा क्या करेंगे? एक बात है, क्यों करेंगे, ज्यादा से ज्यादा, बोलो?

नलिनी : ऊ बात नईं...

महीपत : अच्छा, मुझे और सोचने दो...

[यहाँ अप स्टेज पर प्रिन्सिपल जाते हैं। नलिनी के काका बन्दूक लिये भड़भड़ाते घूमते हैं और एक-दूसरे के सामने आते हैं।]

नलिनी : तुमनैं सौंचा प्रीतम?

महीपत : सौंचा नहीं, सोचा।

नलिनी : रैन दो। जल्दी-जल्दी सौंचौं औ कछू करौ।

महीपत : हाँ। करना तो हई है।

नलिनी : हमें रात-भर नींद नई आती हैंगी आजकल हाँ! मन भौतई घबराता...

महीपत : क्यों?

नलिनी : कक्का कौं मालुम हो जाय तौ?

महीपत : *(बुरी तरह चौंककर)* हूँः! तो क्या? हम खुदी बतानेवाले हैं किसी दिन...

नलिनी : छाती मैं कैंसा-कैंसा होता जानै...

महीपत : ऐसे में मुझे याद कर लिया करो।

नलिनी : सो तो करती...पै फिर भी...

महीपत : मैं हूँ तो! तुम क्यों परेशान होती हो?

[उधर कक्का-पक्का फैसला कर चुके हैं।]

महीपत : चाहे आस्मान टूटके धरती पर गिर पड़े, मैं तुमसे जुदा नहीं

होऊँगा, नली!

नलिनी : *(भावावेश में आकर उसके सीने पर सिर रख देती है।)* प्रीतम!

महीपत : (उसे थपकते सहलाते) नली...
(नलिनी के कक्का बगैर बन्दूक के आकर पीछे खड़े हैं।) जोर से खँखारते हैं।

[नलिनी और महीपत की सिट्टी गुम।]

कक्का : काए मास्साब! *(मूँछों पर ताव देकर)* का हो रिया?

महीपत : जी होना क्या? कुछ नहीं, ऐसे ही...डिस...बातचीत...काम की...

कक्का : बातचीत? काम की?

महीपत : जी हॉ। क्...कौनसा पोर्शन अभी किलास में पूरा होना बाकी है इस पर...यही, हमेशा की...

कक्का : हमेशा की। काए?

महीपत : जी हाँ, जी हाँ। डिपार्टमेन्टल काम है, देखना ही पड़ता है...

कक्का : हो गया काम पूरा?

महीपत : *(क्षीण स्वर में)* जी चल्...चल रहा था।

कक्का : श्याबाश! हर काम सलीके सैं होना चइए। काए मास्साब?

महीपत : जी हाँ, जी हाँ।

कक्का : हमाई भातीजी कैंसे करती हैगी?

महीपत : जी? क्या?

कक्का : ऊई तुमारा काम?

महीपत : बहुत अच्छा करती हैं *(सिटपिटाकर)* शुरू-शुरू में ज़रा... नई थीं न?

कक्का : नई थी काए?

महीपत : जी हाँ। तजरबा नहीं था...तजरबा...

कक्का : हाँ-हाँ तजरबा...

महीपत : अब हो चला है।

कक्का : जरूर-जरूर। तजरबा मिले सैं आदमी मैं अकल सोई आती हैगी। काए मास्साब!

महीपत : जी हाँ...वो...

कक्का : औ कोई-कोई मैं डबल अकल सोई आती होएगी?

महीपत : *(क्षीण हँसकर)* जी वो तो हर आदमी पर...जो जैसा हो...

कक्का : त बताऔ मास्साब के हमाई नली मैं अकल आई डबल, के थी, ऊ सोई गई?

महीपत : आई। ज़ाहिर है।

कक्का : सच्ची कै रए मास्साब?

महीपत : भला बताइए...आखिर भतीजी किसकी है?

कक्का : हमाईयई हैगी। हैगी ना?

महीपत : अलबत्ता!

कक्का : अच्छा मास्साब, ऊ डिपाटमेटल काम हियाँ सन्नाटे मैं काय कौं करना पड़ता हैगा? देखौ मास्साब, अपन ठैरे गँवार, सो...

महीपत : वो...बात ये है कि कालेज के अवर्स में पूरा नहीं हो पाता...काम की बातचीत...

कक्का : हाँ-हाँ। सिरफ दोई जने मिलके करते हैंगे?...बातचीत। काम की।

महीपत : वैसे तो दो ही करते हैं और हम दो ही तो हैं, डिपार्टमेंट में...

कक्का : अपन अनाड़ी मास्साब, ऊ ससुर कालिज-फालिज त कछू पढ़ेई नईं, सीदे सुसाइटी के चेयरमैन बन गए हैंगे...हम का जानैं?

महीपत : आप तो सरमिन्दा करते हैं। ये कैसे हो सकता है?

कक्का : ऊ त हैगा। समजते त काय कौं पूँछने मैं टैम गँवाते? काए? बिला बताए भाँप लेते, हैगा के नईं मास्साब?

[महीपत चुप है।]

कक्का : काए मास्साब? ज्वाब देऔ।

[महीपत सन्दिग्ध तरीके से सिर हिलाता है—आप जो भी अर्थ निकालना चाहें, निकाल लें—बहुत नर्वस।]

कक्का : त ई कऔ मास्साब, के आपके दूद की गिलसिया मैं हमनैं निमक का डला डाल दिया। काए?

महीपत : जी...नहीं...नहीं, ये क्या कहते हैं आप?

कक्का : अपन त 'सच्ची कैना, खुस रैना' करते। आपकी ऐन काम की बातचीत में घुसियाए हम, जैसे दार-भात में मूसरचन्द। काए नली?

[नलिनी पानी-पानी हो जाती है। पसीना पोंछती है।]

महीपत : *(गला साफ करके)* ऐसी कोई बात नहीं। बातचीत... हमारी...ऐसी ही सीधी-सादी...

कक्का : अब सादी हौए के निमकीन हौए। पै इ त सच्ची के आप लोग भौतई जरूरी काम कर रए थे...कर रए थे के नईं?

महीपत : काम तो...

कक्का : त आप जारी रखौ, काम।

महीपत : जी?

कक्का : फिर सैं इश्टार्ट करौ।

महीपत : *(बुद्धू की तरह)* क्या?

कक्का : कैसे घनचक्कर हौगे आप? ऊ कर रए थे न आप दोई, ऊई आगैं चालू करौ।

[महीपत एकदम उखड़ जाता है।]

कक्का : ए नली, तैं काय कौं खड़ी? तैंई चालू कर।

[नलिनी नर्वस]

कक्का : सुनते नईं हौगे, हम का कै रए हैंगे? चालू करो तुमाई बातचीत, काम की जरा हम सौई सुनैं। गयाँन चाएँ रत्ती भर मिलै, दोई-दोई हातन लैना चइए, काय मास्साब? हो जाए चालू।

महीपत : *(धीरज बटोरकर)* तो मिस नलिनी, ये...ये प्-पोर्शन पूरा हो जाना चाहिए, बहुत जल्दी...

[नलिनी मूक, स्तम्भ की तरह। कक्का ध्यान देकर सुन रहे हैं।]

महीपत : *(दुबारा सप्रयास)* कवितावाला पोर्शन...जो अभी बाकी रह गया है...उसे पूरा कर दीजिए...*(नलिनी को ज़मीन की तरफ देखते पाकर बदहवास हो उठता है।)*

कक्का : *(रुककर)* हो गया? *(महीपत के सकारने के बाद)* ई थी बातचीत काम की? ऐसैं करते? कै अभी बाकी हैगी?

महीपत : *(जैसे-तैसे)* नहीं, ऐसे खतम ही समझिए...

कक्का : खतम? त नली चल, घर चल। बातचीत हो रई ना पूरी। अच्छा मास्साब, हमैं आग्याँ देऔ।

महीपत : *(ज्यों-त्यों हाथ जोड़कर)* जी, कैसे कहूँ?

कक्का : मास्साब, आपकी बातचीत देखकैं हमाई सोई तबियत हो आई बातचीत करनै की, काम की। दरसन होएँ गेई आपकैं। करैंगे बातचीत कभी। राम-राम *(नलिनी की बाँह पकड़कर ले जाते हैं।)*

[महीपत अकेला। दयनीय।]

महीपत : चेअरमैन साब, यानी नलिनी का काका, जब दिखाई पड़ा तभी मेरा माथा ठनका था, साला असगुन हो गया। नली को ले के वो गया, तभी मैंने सोचा था, अब रहो टापते, नली का नाखून तक नहीं दिख पाएगा। मगर नहीं, नली दूसरे रोज कालेज में, हाज़िर।

[नलिनी आकर कुर्सी पर बैठ जाती है। महीपत आश्चर्य और प्रसन्नता से देखता है। नलिनी के पीछे एक पूतना, नलिनी की मौसी भी आती है और उसके करीब बैठ जाती है।]

महीपत : *(मेज़ के इस तरफ कुर्सी पर बैठकर पूतना को घूरता हुआ)* आप...

पूतना : *(सिर मोड़कर मरदाना आवाज़ में)* का आप-बाप बक रिया है। लुगाइयन कौं ऐसैं देखत तैं। कछू लाज-सरम हैगी के बहा दी तैं?

महीपत : *(नर्वस, पर बगैर चिन्ता किए)* आपका कुछ काम था यहाँ?

पूतना : फेर? काम ना होए त को आता हियाँ? *(नलिनी से)* का पगलैंट हैगा ई धींगड़ा!

महीपत : क्या काम है?

पूतना : ई भान जी हैगी हमाई। दूर की। ईके संगै आए हैंगे हम।

महीपत : *(अच्छा नहीं लगता)* अच्छा!

पूतना : अहो। ईके संगै रोज आएँगे, हाँ!

महीपत : वो क्यों?

पूतना : तेरा थोबड़ा देखनै। *(नलिनी उसे चुपाना चाहती है।)* फेर? हम डरते हैंगे का कोई के बाप सैं? मुसंडा पूँछता हैगा 'बो क्यों?' तैं को हैगा रे पूछने वाला मुछमुंडा? *(नलिनी की उसे चुप करने की कोशिश जारी है।)* हमैं ज़रा बी नईं सुहाता कोई रोके-टोके त, हाँ...।

[स्टाफ रूम में प्रोफेसर मंडली इकट्ठा होकर इनकी बातें सुनने को लालायित है।]

महीपत : *(प्रेक्षकों से)* ये पूतना मौसी पहरेदार थीं, नलिनी के कक्का की तरफ से नियुक्त। समझ गया। नली को अब परदे में रखा गया था। चेअरमैन कक्का ने दुश्मनी इस तरह निभाई थी। नली के इस पहरेदार...बल्कि पहाड़ का नाम मैंने रक्खा था पूतना। चेअरमैन साब की साली, नलिनी की पूतना मौसी। कई सालों से खसम को छोड़के यहीं बस गई थी और भी बहुत-कुछ सुना था।

[अब प्रोफेसर मंडली एक के पीछे एक घुस पड़ते हैं।]

प्रोफेसर-4 : *(मौज में आकर)* हैलो महीपतजी, हाउ इज़ लाइफ?

प्रोफेसर-1 : महीपतजी, सुना है, आपके डिपार्टमेंट में एक स्टाफ और बढ़ाया है?

प्रोफेसर-3 : चाय पिलाऔ भइयन!

पूतना : *(भड़ककर)* ए ई का चाह पीनै का होटल हैगा का?

[प्रोफेसर मंडली चौंक उठती है]

पूतना : का सोर मचा रए हियाँ सबके सब। नईं मिलैगी चाह-आह, हटौ जाऔ।

[प्रोफेसर लोग मिमियाते हुए बाहर स्टाफ रूम में आ जाते हैं। नलिनी की मौसी को चुप करने की कोशिश जारी।]

पूतना : कछू हैगा कि नईं इन्कैं अनुसासन, तमीज, ए भडुअन कैं। पढ़े-लिक्खे कहात औ ई...।

[पूतना के ध्यान में न आ सके इस तरह नलिनी और महीपत कम्युनिकेट करने का मौन प्रयास करते हैं। पूतना रुकावट बनी रहती है। नलिनी एक खत महीपत की दिशा में सरकाती है, पूतना झपट कर लेती है और फाड़ देती है।]

महीपत : *(प्रेक्षकों से)* नलिनी को घर में बन्दी बनाकर रखने के बजाय कक्काजू ने ये नजरबन्दी का कदम उठाया था। नली अंडर सेंसरसिप। आदर्स सेंसर की तरह ये पूतना मौसी भी सतत जाग्रत् और एकदम बदतमीज़ थी। ये नली को लेके आएगी, नली को लेके जाएगी। नली क्लास में होगी, तब भी यही भैंस मेरे सामने सींग उठाए रहेगी।

[नलिनी चॉक-डस्टर लेकर जाती है।]

महीपत : *(पूतना की ओर देखकर प्रेक्षकों से)* पहले सोचा, देखें फुसलाने में फँसती है क्या? *(पूतना से)* मौसीजी चाय मँगाऊँ? *(वह कोल्डली देखती है।)* या कुछ कोल्ड वगैरा... *(फिर ठंडा रिसेप्शन)* छालिया...*(फिर वही)* लीजिए... *(छालिया मेज़ पर रखकर तमाखू की डिबिया निकालता है।)*

पूतना : कौन-सी हैगी तमाखू?

महीपत : दस नम्बरी...क्यों?

[पूतना झपटकर डिबिया छीन लेती है। सूँघती है। थोड़ी-सी तमाखू हथेली में उँडेलती है। डिबिया मेज पर रख देती है। तमाखू मलकर मुँह में टपकाती है। मुग्गी बनकर बैठी रहती है। महीपत मुस्कराता हुआ देखता है।]

पूतना : का देखता हैगा रे? एँ? का देख रिया तैं? कुछू तमासा हैगा का?

[महीपत मजबूरी में नजर हटा लेता है। घंटी बजती है। नलिनी लौटती है।]

महीपत : *(सप्रयास)* नली, हद करती हैं मौसीजी...

पूतना : *(टोककर)* ऊ सैं का कैता हैगा? हम सैं बोल।

महीपत : *(परेशान। प्रेक्षकों से)* दिनोदिन जानलेवा होते गए हालात। जब देखो तब, जहाँ देखो तहाँ, वो मौसी की बलाय नली को घेरे हुए। इधर स्टाफ रूम में अफवाहों का बाजार गर्म था। कहा जा रहा था कि मेरे लिए फूलों का हार गूँथा जा रहा था, सवाल इतना ही था कि वो हार किस रोज़ मुझे पहनाया जाए और हाथ जोड़कर छुट्टी दी जाए। तात्पर्य यह कि प्लॉट तैयार था। बैक टु ईश्वरभाई। मैंने अपने से कहा—साले तू क्यों गुड़ खाके बैठा रहता है? अगर अन्त में मरना ही है तो दो-चार को घायल करके ही मरूँगा। हर हर महादेव। फिर एक दिन...*(पोजीशन लेकर)* मौसीजी, ज़रा प्लीज़ बाहर जाएँगी आप?

[पूतना नाक-भौं सिकोड़कर देखती है।]

महीपत : मैं आप ही से कह रहा हूँ मौसीजी!

पूतना : हम काए कौं जाएँ?

महीपत : काए कौं-आय कौं, बन्द करो। बाहर जाओ। मेरा हुक्म है।

पूतना : तेरा हुक्म!

महीपत : हाँ, हुक्म है। आर्डर!

पूतना : तैं को हैगा हमैं आडर देनेवाला?

महीपत : मैं हेड आफ दि डिपार्टमेंट हूँ यहाँ...

पूतना : को हूँ?

महीपत : यहाँ का साहब हूँ।

पूतना : हमाए बैनोई चेरमेनसाब हैगे हियाँ। हाँ!

महीपत : मेरा मामा गवर्नर हैं। राज्यपाल!

पूतना : ऊ का हियाँ का काम?

महीपत : तुम्हारे बहनोई का यहाँ क्या काम?

पूतना : ऊ सब काम देखता हियाँ का।

महीपत : देखता होगा। यहाँ का डिपार्टमेंट का काम मैं देखता हूँ। यहाँ का चेअरमैन मैं हूँ। आई आर्डर यू टु गो आउट... फार सम टाइम।

पूतना : *(शायद अंग्रेजी का रोब खाकर)* ए नली... *(उठकर)* चलौ।

महीपत : नहीं। ये यहीं रहेंगी।

पूतना : औ हम...

महीपत : तुम बाहर जाओ। अकेली।

पूतना : (कमर पर हाथ रखकर) का करैगा तै हियाँ?

महीपत : काम। डिपार्टमेंट का।

पूतना : *(बैठकर)* हमाए सामनैं कर तेरा काम। हम हिंयई बैठे हैंगे।

महीपत : वो प्राइवेट काम है।

पूतना : त का हुआ। हम नईं जाते।

महीपत : ठीक है। ऐसे ही सही। मत जाओ तुम। नलिनी, चलो हमीं लोग बाहर जाते...

पूतना : *(तत्काल उठकर)* हम सोई आते...

महीपत : *(मेज की दराज़ में से बड़ा-सा चाकू निकालकर)* तुम नहीं आओगी। *(चाकू दिखाता है।)*

पूतना : *(ज़रा खबराकर)* क्...का करैगा तैं?

महीपत : *(चाकू लेकर पूतना की तरफ बढ़कर)* बाहर जाती है या नहीं तूँ?

पूतना : जा रई *(भाग जाती है।)*

महीपत : *(मुड़कर एक पेंसिल उठाता है और चाकू से छीलना शुरू कर देता है, जैसे कुछ भी नहीं हुआ।)* थैंक यू!

[उसके बाहर जाते ही नलिनी उठ खड़ी होती है और महीपत के सीने पर सिर रख देती है।]

महीपत : नलिनी...नली...ए नली....ठैरो-ठैरो...वे चाकू तो रखने दो...सुनो तो...*(प्रेक्षकों से)* मिनट-दो मिनट जो भी घटित हुआ, वह सब शब्दों में बाँधकर नहीं कह सकता। पर जो घटित हुआ वह एक नहीं, दो-दो चपरासियों ने देखा। मौसी ने अपने तरीके से कुछ सत्य, कुछ कल्पना का पोल बनाया और अपने चेअरमैन बहनोई के कानों में उँडेल दिया। ये सब अपेक्षित था ही।

[नलिनी बगैर पीठ दिखाए एक-एक कदम चलकर भीतर चली जाती है।]

महीपत : नलिनी अंडर हाउस-अरेस्ट। घर से बाहर निकलने पर पाबन्दी लग गई। नामुमकिन नहीं कि डाँट-डपट और मार-पीट होती। उसका चेअरमैन कक्का फटाफट निर्णय कर सकता था, इसीलिए ज़रूरी था कि मैं भी युद्धस्तर पर निर्णय करता। मेरे पास नली के चौदह प्रेमपत्र थे। उनका महत्व बढ़ गया था। उन्हें उड़ाने की कोशिशें भी हो सकती थीं। इसी वजह से उस कायमी सबूत को मैंने सीने से चिपटकाकर अर्थात अंडरवियर की चोर जेब में हिफाजत के साथ रखना शुरू कर दिया और एक दिन बबना को जा पकड़ा।

[बबना आकर खड़ा है। ज़रा-ज़रा पिए हुए है।]

महीपत : अबे साले बबना भड़ुए!

बबना : *(आस्तीनें तहाकर)* को हैगा भैनचो? *(देखकर फ्रस्ट्रेटेड)* आ आए हैंगे मास्साब? कऔ?

महीपत : बबना, हमने आज तलक कभी तुम्हें कसम खिलाई? बोलो, खिलाई?

बबना : फिर?

महीपत : पहले बताओ, कभी खिलाई?

बबना : का पता? हम मइयों के का हिसाब बई मैं टाँकने हैंगे का?

महीपत : अच्छा, कभी याद आता है कि मैंने अपना कोई काम करने को तुमसे कहा हो? बोलो, है याद?

बबना : मास्साब, हमाई परिच्छाई लै रए का आप?

महीपत : नईं, कहा हो तो याद करके बताओ।

बबना : सच्ची-सच्ची कएँ?

महीपत : कह दो सच-सच।

बबना : सच्ची-सच्ची...तब त टैम लगैगा साला।

महीपत : कभी कहा ही नहीं तो तुम भी क्या याद करके कहोगे?

बबना : आपई पूछ रए होंगे औ...मास्साब, आज सवेरैं-सवेरैं ई चड़ा के आए?

महीपत : नहीं। मगर बबना, तुम निजी आदमी, तुम्हें अपने काम की खातिर तकलीफ देना अच्छा नहीं लगता।

बबना : हमने कब कई के देऔ?

महीपत : बात मामूली होती तो कहता ही नहीं।

बबना : ठीक। फिर?

महीपत : मगर क्या करूँ? मजबूर हूँ। हालात ही कुछ ऐसे पैदा हो गए हैं कि...मैं घोर संकट में घिर गया हूँ। क्या करूँ, समझ नहीं आता। दिसाएँ खो गई हैं...।

बबना : ई का होता हैगा?

महीपत : ऐसे ही कहा जाता है।

बबना : अरे भैनचो...

महीपत : क्यों? क्या हुआ?

बबना : अपन कौं सोई ऐंसाई हो गया हैगा : दिसा खो गई : अद्धा ज्यादा चड़ा गए...

महीपत : तुम्हारी बात और है बबना। ज़्यादा चढ़ा गए हो तो कल तक उतर ही जाएगी। मगर मेरी समस्या और ही है।

बबना : चंडूखाने में गए थे का मास्साब? दारू नईं पचा पाते और चंडू का सौक करने लगे? एजूकेट आदमी आप लोग...

महीपत : मेरी समस्या वो नहीं है बे! इतनी सतही नहीं है। वो बहुत डीप रूटेड है...ज्यादा कॉम्प्लिकेटेड है...जटिल है। तुम नलिनी को जानते हो? नहीं...चेअरमैन साब की भतीजी, भाई!

बबना : आपकी ऊ के संग घुसुड़-फुसुड़ चल रई हैगी। सुना हैगा हमनैं। *(हाथ जोड़ता है।)* एजूकेट लोग हैंगे आप... पुरफेसर...और ई धन्दा करते हैगे? हमाए माफिक लफड़ा करते अच्छा लगता हैगा?

महीपत : *(जरा नर्वस होकर)* समस्या वो नहीं है।

बबना : कैसे नईं हैगी...ऊ ई हैगी।

महीपत : होगी, पर इस वक्त नहीं है।

बबना : हैगी। एजूकेट आदमी होकै भी...

महीपत : *(परेशान होकर)* बबना, सवाल एजुकेटेड का नहीं है...कुछ बातें सब लोगों में एक जैसी होती हैं...।

बबना : मैं एजूकेट आदमी होकैं भी...।

महीपत : *(बबना का मुँह पकड़कर)* मेरी बात सुन लो पहले, बीच-बीच में मत बोल। *(मुँह छोड़कर)* यह सवाल मेरे लिए जीवन-मरण का सवाल बन गया है। मेरी नौकरी खतम होने के आसार नजर आ रहे हैं। नली को हवेली मे कैदी बनाके रक्खा है। अगर उसके साथ किसी भी तरह मेरी शादी तत्काल हो जाती है तो यह आपत्ति टल सकती है। तू समझ रहा है कि नहीं बे बबना? मेरी नली से शादी होने की देर है बस, शादी हो जाए एक दफे तो चेअरमैन भी उलझ के रह जाएगा—नली का कक्का—क्योंकि तब खानदान की इज्जत का सवाल पैदा हो जाएगा। फिर कैसे निकाल पाएगा मुझे नौकरी से? क्योंकि मैं हूँगा उसका दामाद। झख मारके मुझे रखना पड़ेगा... यही नहीं...शायद मुझे प्रिन्सिपल भी बना दे। दामाद अगर मामूली प्रोफेसर है तो यह भी खानदान की बेइज्जती ही कहलाएगी। है ना? दामाद कम से कम प्रिन्सिपल तो होना ही चाहिए। अलावा सोसाइटी का लाइफ मेम्बर भी...वो तो होना ही चाहिए। *(समूची कल्पना ही हर्षित कर देती*

है। *बबना दिखाई नहीं पड़ता।)* बबू...बबना...काँ गया बे? बबना...।

बबना : *(लौटकर)* हियँई हैंगे...चालू करौ आपकी सतनराएन की कथा...पा रए हैंगे पुन्न। हूँमू!

महीपत : येई रामबाण इलाज है। नली के संग सादी। चाए जो हो जाए, चेअरमैन साले के खानदान के साथ सरीर-सम्बन्ध। औ वो भी फौरन से पेस्तर।

बबना : का कई आपनैं?

महीपत : पेस्तर यानी पहले। तुरन्त। सरीर-सम्बन्ध। उर्फ मेरिज।

बबना : ठीक। पक्का।

महीपत : क्या पक्का?

बबना : हो जान देओ स्साला!

महीपत : मगर क्या?

बबना : ऊई...सम्बन् उर्फ मेरिज।

महीपत : होए कैसे? बगैर तुम्हारे सहयोग के कैसे हो जाए?

बबना : ऐं? का कई?

महीपत : कही कि तुम्हारी मदद नहीं मिलेगी तो कैसे होएगी?

बबना : अच्छा? कोई ऐतराज नहीं।

महीपत : किस बात का इतराज नहीं?

बबना : दिया।

महीपत : दिया?

बबना : अहो दी-या।

महीपत : अच्छा तो एक काम करो।

बबना : किया...की-या।

महीपत : ठिठोली नहीं, सच्ची में।

बबना : *(कलाई मजबूती से पकड़कर)* हमनैं कभी ठिठौली की हैगी? बो-लो!

महीपत : नहीं रे...।

बबना : नई, हमनैं की ठिठोली कभी? पैलें जवाब देऔ। की ठिठोली? की हैगी? हओ कैनेवारे का थोबड़ा तोड़ कै लटका दैंगे। हाँ ठिठोली!

महीपत : नहीं की।

बबना : ऐसें कऔ चालू करौ कथा। *(कलाई छोड़ देता है।)*

महीपत : एक बात में तुम्हें मदद करनी पड़ेगी।

बबना : शरीर सम्बन्?

महीपत : राइट।

बबना : कौन सें? कौन सें करना हैगा?

महीपत : नहीं-नहीं। तुम्हें नहीं करना है। मुझे करना है। मैं ही करूँगा। ये शब्द बड़ा वाहियात है...शादी करनी है...नली के संग...यानी नलिनी से मैं करूँगा...शादी...।

बबना : *(लम्बी साँस लेकर)* करौ?

महीपत : इसी काम के लिए उसे भगाना...

बबना : *(डाक)* का कई?

महीपत : नलिनी है ना, उसे भगाना पड़ेगा।

बबना : *(काँपने लगता है)* मुझे पकड़ना...*(महीपत उसे पकड़ता है।)* और कछू कऔ अब...

महीपत : और क्या?

बबना : गाँड पै लात मारकें निकाल देगा बाप। ऊ हमाए रिश्तेदार हैंगे। वा मास्साब, हमई मिले आपकों?

महीपत : *(पल भर पंक्चर्ड। फिर)* तुम एक बात भूलते हो बबना! हम ये जो करेंगे। वो तुम्हारे लिए नहीं, अपने लिए...

बबना : ई बात हैगी?

महीपत : हाँ। अलावा, किसी को पता भी नहीं चलेगा...इस क़ान की उस कान तक नहीं पहुँच सकती।

बबना : सरीर सम्बन् करने कें बाद भी?

महीपत : श...वो कई दिनों के बाद। पहले शादी, वैदिक विधि वगैरा। उसके बाद जोड़े से चेअरमैन साब के चरण छूने के लिए हाजिर। सादी हो जाने के बाद क्या कर लेगा वो कक्कू? सी इज ए मेजर...हमारी नली।

बबना : हमारी?

महीपत : यानी मेरी। एक ही बात।

बबना : एक ई बात कैसें? आपकी। अपन कान पकड़ चुके।

महीपत : तो फिर? करोगे न मदद? भगा लाओगे नली को? तुम्हें छोड़के दूसरा है कौन जो सहायता करे? है कोई?

बबना : *(सिर खुजाकर)* बाप घर सैं निकाल देगा।

महीपत : चाहो तो मैं उनसे कहे देता हूँ।

बबना : झाँपड़ा करैगा रसीद...ऊ...आपकैं।

महीपत : तो नहीं कहता। मगर यार ये काम तू ही कर। मुझे पूरी उम्मीद है कि सहयोग पाने के लिए मैंने जो विश्वासपूर्वक हाथ फैलाया है, उसे तुम नहीं ठुकराओगे। अपने गुरु के लिए तुम इतना भी नहीं करोगे, स्साले? 'गुरुर्देवो भव' यह हमारी भारतीय संस्कृति में लिखा है। गुरु की इच्छापूर्ति को महान माना गया है। गुरुदक्षिणा...तुम इसी को गुरुदक्षिणा मानो और हमें दो।

बबना : *(रुककर)* नईं, बाप घर सैं निकाल देगा। *(बैठ जाता है कुरुक्षेत्र के अर्जुन की तरह।)*

महीपत : *(जैसे श्रीकृष्ण उतर आए हों।)* बाप...बाप...क्या विला वजह बाप की दुहाई देता है, पौने आठ साला! बाप क्या सिर्फ तेरे ही है, किसी और के नहीं है? और तेरा बाप क्या दारासिंग है कि तू घुटने टेकता है? सरपंच ही तो है, होगा। हर गाँव में किसी-न-किसी का बाप सरपंच होता है। लात मारके निकाल देगा? निकाल दे, कोई आसमान टूट पड़ेगा बे गांडू! क्या होगा ज्यादा-से-ज्यादा? बाप की सरपंचगीरी पै उछलना खतम हो जाएगा ना? तो फिर? तेरा बाप या किसी और का बाप क्या साले जिन्दगी भर सरपंच बना रहेगा? और जब वो सरपंच नहीं रहेगा तो फट के चिथड़े नहीं हो जाएगी तेरी? बोल? अगर आज ही बाप की सरपंचगीरी को लात मारके अपनी ही टाँगों पै खड़ा हो जाएगा तो क्या बिगड़ जाएगा? कुछ दिनों जरूर जूतियाँ चटकाते हुए टहलना पड़ेगा। फोकटिया गुलछर्रे उड़ाना बन्द हो जाएगा। मगर साले, स्वाभिमान से जीना तो सीखेगा? स्वधर्मे निधनं श्रेय परधर्मो भयावहः। बाप की दी हुई रोटी खाके जीने से अच्छा है अपनी हिम्मत पै जीना। यही मर्द का धर्म है। यही गीता में भगवान ने कहा है, तो क्या साले ऐसे ही गाल बजाया है? *(याद करके)* अपने सिवाजी महाराज को लो...गो-ब्राह्मण-

प्रतिपालक क्षत्रिय कुलावतंस क्षत्रपति श्री सिवाजी महाराज...।

बबना : *(ऊँचे स्वर में)* की जय। *(झुककर मुजरा करता है।)*

महीपत : अबे, ऐसे पैंदे से जोर लगाके क्या होगा? सिवाजी महाराज क्या बाप के बल पे जिए?

[बबना इम्प्रेस होता है।]

महीपत : उनका बाप क्या कोई फालतू सिलहदार था? या प्रोफेसर था? अरे वो था आदिलसाही का सरदार। मगर सिवाजी ने कहा, नेंईं...

बबना : नेंईं...

महीपत : बाप के बल पे नहीं जिएँगे...

बबना : नईं जिएँगे...

महीपत : सिवाजी ने कहा, नेंईं...

बबना : नेंईं...

महीपत : गुलामी की रोटी नहीं खाएँगे...

बबना : नहीं खाएँगे...

महीपत : सिवाजी महाराज बाहर निकले और उन्होंने स्वराज्य स्थापित किया...।

बबना : हओ। आप बाप सैं आगें...

महीपत : अगर उन्होंने बाप की सरदारगीरी का लालच रखा होता तो...

बबना : हमाई ऐंसी हालियत हो जाती।

महीपत : राइट यू आर। मगर नेंईं...

बबना : नेंईं...

महीपत : वे आखिर सिवाजी महाराज थे।

बबना : औ हम नालायक हैंगे साले...

महीपत : हाँ। मगर इससे क्या! हरेक आदमी क्षत्रपति सिवाजी महाराज तो बन नहीं सकता...

बबना : नईं बन सकता...

महीपत : फिर भी बाप के बल पै जीना...

बबना : हरामीपन हैगा...

महीपत : करैक्ट।

बबना : छोड़ दिया।

महीपत : क्या छोड़ दिया?

बबना : गाल बजाना...अपन ऊई करैंगे...

महीपत : क्या करैंगे?

बबना : सरीर-सम्बन्।

महीपत : नहीं, तुम हमारी मदद करोगे। नली को भगा लाओगे।

बबना : ठीक। नली कौं...*(फिर एक बार हिचकिचाता है, मगर हिम्मत से)* भगा लाएँगे स्साला...नईं, नली कौं भगा लाएँगे, साले कौं नईं...।

महीपत : *(गद्गद होकर)* बबना, यू आर ग्रेट!

बबना : *(चिन्ता से)* पै मास्साब, बाप कौं नईं मालुम होनै चइए।

महीपत : उसकी फिकर छोड़ यार! तू सिर्फ भगा के ला, मेरे हवाले कर और उल्टे पाँव लौट जाना। बाकी सब मैं निपटा लूँगा। अरे भई, नली भी आखिर अपनी ही है। यानी मेरी। वो थोड़े ही तुम्हारा नाम तुम्हारे बाप को बताने चली है। उसकी फिकर छोड़ो।

बबना : छोड़ दी।

महीपत : तो अब बताता हूँ प्लान भगाने का *(धीमे स्वर में)* भोर की बेला है। नली अकेली दिशा-मैदान जा रही है। उस तरफ तुमने महमूद की प्राईवेट टैक्सी तैयार कर रक्खी है। सुबह के अँधेरे में तुम नली को यों उठा के छूमन्तर।

बबना : ऊ अपना जिम्मा।

महीपत : बीच में कहीं रुकना नहीं। उसे प्लान एडवान्स में नहीं मालूम, इसलिए शायद दंगा-फिसाद करे, मगर तुम ध्यान मत देना। डाल टैक्सी में तुरन्त आनन्दपुर। वहाँ मैं रहूँगा ही सारी तैयारियाँ करके। नली के पहुँचते ही एकदम मन्तर औ फटाफट भाँवरें...

बबना : मास्साब...

महीपत : हाँ।

बबना : हमाए बाप कौं पता नईं चलने चइए...हमैं भैंनचो बाहर होना पड़ैगा फोकटिया। आप सरीर-सम्बन् करोगे औ

हियाँ घर सैं सम्बन् टूट जाएगा मईयौ का...

महीपत : ऐसा नहीं होगा। मेरी जिम्मेदारी...

[दोनों हाथ मिलाते हैं। महीपत हाथ छुड़ाकर सहलाता है। पीछे अप स्टेज पर नलिनी बन्दिनी की तरह आकर बैठ जाती है। दूसरी ओर प्रोफेसर मंडली एक कतार में खड़े होकर पारम्परिक विरह-गीत गूँजते सुर में गाती है। गाना समाप्त कर चली जाती है।

बबना कम्बल लेकर डाउन स्टेज पर आकर बैठ जाता है और फिल्मी गीत की पंक्तियाँ गाकर हिचकी देता है।

रोशनी मद्धिम। बबना का गाना समाप्त। नलिनी धीरे-धीरे चली जाती है। मुर्गे की बाँग।

डाउन स्टेज पर नलिनी की साड़ी पहने एक फिगर हाथ में लोटा लिये मुँह छिपाए जाती है। बबना उनींदी आँखों देखता है। तैयार होता है। उसे पकड़ता है। मुँह पर हाथ रखता है। फिगर लोटा उठाकर बबना के सिर पर दे मारती है। बबना बगैर फिक्र किए उसे कम्बल उढ़ाता है और मय कम्बल के उसे कन्धों पर उठाकर चला जाता है।

टैक्सी के स्टार्ट होने की आवाज। दूसरी ओर से महीपत दूल्हा बना आता है। उसके साथ दो पुरोहित, विवाह की मामूली सामग्री लिये आते हैं।

रोशनी पहले की तरह। ये लोग प्रतीक्षा में। बबना कन्धे पर कम्बल लिपटी फिगर उठाए हाँफता हुआ आता है और उसे महीपत के सामने पटक देता है।]

बबना : लैऔ मइयो की तुमाई गुरदच्छिना मास्साब। *(बैठकर)* आपका हिसाब चुकता स्साला! *(सिर सहलाता है।)*

महीपत : *(गद्गद होकर)* बबना...बबना...बबनादेव...साबास...साबास...

बबना : मर गया बबनादेव साला! लोटाई दै मारा खुपड़िया मैं... जगुनू दिखनै लगे सुबै-सुबै सैं। पै लैई आए टैक्सी मैं डाल कैं। औ भैन का वजन साला कमती था क्या?

[महीपत तब तक कम्बल हटाता है तो दिखाई पड़ती है पूतना मौसी। हाथ बँधे, मुँह में कपड़ा ठुँसा हुआ। आँखें फाड़कर देखती है और गुस्से में कुछ कहना चाहती है।]

महीपत : कौन? *(भयाकान्त होकर)* क कौन...*(बेहोश होते-होते)* पूतना...

बबना : *(आश्चर्य से खड़ा होकर देखता है)* तेरी भैन की...*(सिर पकड़ता है।)*

महीपत : *(पुरोहितों द्वारा चप्पल सुँघाने पर होश में आकर बैठ जाता है।)* पानी! *(पुरोहितों द्वारा पिलाए जाने पर)* और पानी...

पुरोहित : जजमान, महूरत आए गया, चलौ विवाह-बेदी पै...

महीपत : विवाह? *(फिर बेहोश, पुरोहित सँभालते हैं।)* गढ़ हाथ आया, पै सिंह जाता रहा।

पुरोहित : कन्निया को बेदी पै खड़ी करैं?

महीपत : *(बबना से)* भडुए, भैन के, सब सत्यानास कर दिया।

[बबना खोपड़ी पकड़े बैठा है। पूतना क्रोध में आकर बोलना चाह रही है, मगर मुँह में कपड़ा ठुँसा होने से मिमियाकर रह जाती है।]

महीपत : अबे, इस वास्ते तपस्या की हमने?

पुरोहित : जजमान, उत्तम महूरत है। ऐसा महूरत तेरा साल बाद आएगा।

महीपत : चुप! *(बबना से)* तेरे भरोसे पै रहे हम, नालायक। आँखें फूट गई थीं क्या? उसे छोड़के इसे ले आया कमीने... इसे...

बबना : *(बिला शर्म)* गलती हौ गई मास्साब! लैऔ, ई जूता लैऔ औ गिनकैं सौ मारौ, बस्स। अपन कुछ नईं कहैंगे।

(गिड़गिड़ाकर) पै, बाप कौ हमाए मालुम नईं होने चइए बस्स।

महीपत : बस्स की दुम साला! पहले ये बोल कि *(पूतना की ओर इशारा करके)* इसका क्या करें?

पुरोहित : जजमान, महूरत...

महीपत : चुप्प! *(बबना से)* एक तो शादी का सब प्लान चौपट कर दिया, ऊपर से ये बारह मन की आफत। उधर साला बहनोई इसका चिल्ला रहा होगा। पुलिस में कम्प्लेंट करेगा, इसे...इसे भगाने की...इसे।

बबना : *(गिरे स्वर में)* कै त रए हैंगे के गलती हौ गई...

महीपत : अबे गलती की औलाद! तू तो अलग हो जाएगा, मैं मर जाऊँगा। साली प्रोफेसरी तो गई गधे की उसमें... और साला पु...पुलिस का चक्कर...प्रोफेसर महीपत बभ्रुवाहन चेअरमैन की इसे...इस खसम दखाऊ पूतना को भगाने के अपराध में गिरफ्तार। साले, तूने कहीं का नहीं रक्खा। *(पूतना से जो कुछ कहने की कोशिश कर रही है।)* चोप्प!

[पूतना के अत्यधिक प्रयास के कारण कपड़ा मुँह से निकलकर गिरता है तो बबना दुबारा मुँह में ठूँस देता है। पूतना उसे कलाई में काटती है। बबना गुस्से में आकर मारना चाहता है।]

महीपत : खबरदार जो हाथ चलाया। और एक सेक्शन में फँस जाएगा, जिस्मानी नुकसान के। सीधे जेलखाने पहुँच जाएगा।

बबना : *(महीपत के पाँव छूकर)* मास्साब, हमैं बचाओ। हम मरे। बाप कौं मालुम हौ जाएगा, लात मारकैं निकाल देगा मास्साब!...

महीपत : अच्छा होगा। तुझे यही सजा मिलनी चाहिए।

बबना : *(हृदयद्रावक स्वर में)* मैं काँ जाऊँगा मास्साब, काँ...

महीपत : मैं कहाँ जाऊँगा, पहले ये बता?

बबना : हम दोनों काँ जाएँगे मास्साब, काँ जाएँगे?

महीपत : *(स्वर बदलकर)* कोशिश छोड़ देने से कैसे चलेगा? बबना, लड़ाई तो पूरी लड़नी पड़ेगी, बीच में से कैसे पीठ दिखा सकते हैं? करेंगे या मरेंगे। बस्स। बचेंगे तो और भी लड़ेंगे। वन्दे मातरम्! भारत माता की जय? ईस्वरभाई की जय!

[प्रोफेसरों की टोली आकर स्फूर्तिदायक मार्चिंग सांग का एक छन्द गाकर लौट जाती है।

महीपत सुदर्शनधारी श्रीकृष्ण का पोज़ बनाकर खड़ा हो जाता है।]

महीपत : बबना, उठो, उत्तिष्ठत...

बबना : पै हमाए बाप कौं...।

महीपत : तेरे बाप की दुम में खटखटा। पहले उठ। *(उसके ज्यों-त्यों उठने पर)* जा।

बबना : जाएँ?

महीपत : लौट जा।

बबना : लौट जाएँ?

महीपत : ले जा।

बबना : का लै जाएँ?

महीपत : वही जो ले आए।

बबना : ले आए? *(पूतना को देखकर आक्रान्त)* मर गया।

महीपत : हाँ। जो चीज जहाँ से ले आए हो उसे जैसे का तैसा वहीं रख आओ।

बबना : और...

महीपत : जहन्नुम में जाओ।

बबना : फिर से कैना?

महीपत : मत जाओ...जो तबियत में आए करो, मगर ये आलू का बोरा गुदाम में पहुँच जाना चाहिए।

बबना : मास्साब...

महीपत : फौरन।

बबना : का फौरन?

महीपत : पहुँचाओ...टैम पास मत करो।

बबना : औ हुआँ जाकैं ई चिल्लिआए तौ? सब कै देगी अपनैं चेरमैंन सैं। हम औ आप दोई गए गधे की उ में मास्साब!

महीपत : वो तो जाके ही रहेंगे।

बबना : पै हमारा बाप...।

महीपत : वो भी होके ही रहेगा। कोई चारा नहीं है।

बबना : हम कैते मास्साब, जीभी छाँट दैं तौ? फुल नईं, हाफ...

महीपत : किसकी? तेरी?

बबना : वा मास्साब। ई की।

महीपत : तुम गधे हो।

बबना : *(सिर खुजाकर)* हम कैते मास्साब के आप ई ईके संग काए नईं करते...

महीपत : क्या?

बबना : ऊई...सम्बन्...।

महीपत : इसके साथ? महाबेवकूफ हो। बबना, देह क्या साले पत्थर का कोयला है जो चाहे जिस भाव के इंजन की भट्ठी में झोंक दी जाए? देह एक बहुत बड़ी चीज है...अलावा, जो चेअरमैन अपनी भतीजी के साथ मेरा रिश्ता पक्का करने को तैयार नहीं है, वो क्या अपनी साली के साथ मेरी शादी मंजूर करेगा? इम्पासिबल। नौकरी छूटी अपनी...

बबना : त फिर?

महीपत : फिर वही...माल जहाँ के तहाँ लौटाओ।

बबना : *(अपने कन्धे छूकर)* भौतई वजनी है मास्साब...।

महीपत : तुमसे कहा किसने था कि हल्की छोड़के वजनी उठा लाओ? बोलता क्यों नई, हम्माल?

बबना : गलती होई गई...

महीपत : तो भुगतो साले। चलो, उठो।

बबना : आप सोई खूब मिले हमकौं। आपई की खातिर इत्ता सब किया। भैनचो...

महीपत : किया, मगर गुड़-गोबर कर दिया।

बबना : होई गया। चलौ बबनकुमार, वापिस चलौ। *(पूतना को कन्धे पर उठाकर)* बाप घर में नईं रैने देगा अब सैं,

लिखवा लैओ चाए...

महीपत : जिसका कोई नई होता दुनिया में, उसका खुदा होता है, बबना! वो सरपंचों का सरपंच तुम्हारी रक्षा करे...

[बबना माथा ठोंककर बोझे के सहित चला जाता है।]

महीपत : चला गया बबना। मय पूतना के अदृश्य हो गया। अब एक बहुत बड़ी गड़बड़ी मचने की पूरी उम्मीद थी। चेअरमैन साब की हवेली में वह शुरू भी हो चुकी होगी। नली भी उसमें हिस्सा ले रही होगी। पूतना का क्या हुआ? पूतना को घर पहुँचते ही एक बहुत बड़े रहस्य का उद्घाटन करना था कि मैंने और बबना ने उसे भगाया। मैंने! इस पर नली का कक्का आकाश-पाताल एक करने पर आमादा और नली भी जाहिरा तौर पर आगबबूला होनेवाली थी। मैं...पूतना का अपहरण करता हूँ? बबना के नाम उसकी घोर त्रुटि के उपलक्ष्य में लाखों गालियाँ भी सुनाई जातीं, तो वे बेकार थीं। आगे क्या? वही तो असली सवाल था। एक मुठभेड़ में पिट गया था, मगर लड़ाई थोड़े ही हार गया था। लड़ेंगे और मरेंगे...अभी चौदह चिट्ठियाँ अपने हाथ में थीं...*(अंडरवियर टटोलता है।)* इम्पॉसिबल नहीं था नली के खानदानी कक्का चेअरमैन को ब्लैकमेल करना। ठीक है, वही करेंगे। लेकिन जिन्दगी भर खट करके हासिल की है प्रोफेसरी, उसे आनन-फानन में हाथ से नहीं जाने देंगे। *(अंडरवियर में से रुपए के नोटों की तरह चिट्ठियाँ निकालता है और जोर-जोर से गिनता है। फिर अंडरवियर...में रख लेता है। परेशान है। दो-चार तीलियाँ बरबाद करके सिगरेट सिलगाता है। प्रिन्सिपल आता है। गला साफ करता है। चौंककर)* कौन? *(शौकिया विलन का पोज बनाकर)* आप? आप इस तरफ कहाँ रास्ता भूल पड़े? *(कश लगाता है। खाँसी आ जाती है प्रिन्सिपल उसके सीने पर हाथ फेरता है।)*

प्रिन्सिपल : क्या नया-नया पीना शुरू किया है? मत पिया कीजिए। कैन्सर हो जाता है। *(पैकेट दिखाते हैं।)*

महीपत : थैंक यू! *(सिगरेट पीते हुए)* आज यहाँ कैसे?

प्रिन्सिपल : ऐसे ही। इस तरफ से जा रहा था, सोचा मिलके पूछताछ करता चलूँ।

महीपत : कैसी पूछताछ?

प्रिन्सिपल : कैसी? यानी ऐसी ही...पूछताछ किस बात की...आपकी।

महीपत : मेरी? मेरी पूछताछ किसलिए? क्या मैं बीमार हूँ, या मैंने बच्चा जना है?

प्रिन्सिपल : *(हँसकर)* हँ-हँ-हँ-हँ। आप खूब जोक मारते हैं? क्या यहाँ आके गलती की? अगर गलती ही हो तो ये चले...*(जाने का अभिनय करता है।)*

महीपत : क्या हो गया?

प्रिन्सिपल : खैर, मजाक रहने दीजिए। पहले ये बताइए कि आप कैसे हैं मिस्टर महीपत बभ्रुवाहन?

महीपत : ऐसे दुरुस्त हूँ, मगर आपके पूछने से लगा कि कहीं बीमार न पड़ जाऊँ।

प्रिन्सिपल : भाई, हमें आपका बहुत खयाल रहता है। *(ज़रा लम्बी साँस लेकर)* सच तो ये है कि हम आप ही से मिलने आए हैं।

महीपत : वो तो आपने बतलाया ही कि रास्ता भूल पड़े, मैं तभी समझ गया।

प्रिन्सिपल : आप शायद नहीं जानते, आप विश्वास भी नहीं करेंगे... हम जानते हैं...मगर मैं शुरू से आपका हितेच्छु रहा हूँ।

महीपत : यह बता रहे हैं आप इतने दिनों बाद?

प्रिन्सिपल : सभी बातें कहीं थोड़े ही जाती हैं भाई! पर हमें बहुत दुख है...बहुत-बहुत दुख है मिस्टर महीपत बभ्रुवाहन जी...बहुत दुख...

महीपत : क्यों? क्या हुआ? मुझे नौकरी से हटा दिया...यही न? *(थूक निकालकर)* तो साफ-साफ क्यों नहीं कह देते? साफ-साफ...मगर ये मत भूलिए कि मेरे पास भी ट्रंप कार्ड है...

[अंडरवियर छूता है]

प्रिन्सिपल : नहीं नहीं...आप गलतफहमी में हैं। आपको नौकरी से बिल्कुल नहीं हटाया गया है। बिल्कुल नहीं...

महीपत : बिलकुल नहीं?

प्रिन्सिपल : आज, इस पल तक नहीं ही। कम से कम मैं इस बात के खिलाफ हूँ। मैं तो शुरू से ही आपका हितेच्छु रहा हूँ महीपत जी, आप भूल गए...

महीपत : *(लम्बी साँस लेकर मगर इस तरह कि पता न चले और सन्देहपूर्वक)* अच्छा!

प्रिन्सिपल : यही तो कह रहा हूँ। आपकी सहायता करते समय मैंने सतत बहुत प्रसन्नता अनुभव की है। *(धीमे स्वर में)* अगर समय रहते तुमने मुझे सब बता दिया होता, तो मैंने खुद पक्का करा दिया होता...

महीपत : *(गहरे सन्देह से)* क्या? क्या पक्का करा दिया होता?

प्रिन्सिपल : परन्तु आपने विश्वास नहीं दिखाया...अपने एकमात्र हितेच्छु के प्रति...सब मेरे अधिकार में था। मेरे कहने भर की देर थी, अब तक सारा काम हो चुका होता। मगर आपने कुछ कहा ही नहीं और मैं देखता रहा। वही सच है कि जो होना होता है, वही दिमाग में उसी तरह घूमने लगता है। आप बहुत भयानक कांड कर बैठे। *(लम्बी साँस लेकर)* खैर, जाने दीजिए। भगवान की दया है कि आपके हाथ-पाँव साबुत हैं। समझे? अब आगे क्या विचार है?

महीपत : आगे?

प्रिन्सिपल : जी हाँ, आगे।

महीपत : कैसा विचार?

प्रिन्सिपल : भाई, इस वक्त हवा बहुत गर्म है। जरा नॉर्मल होते ही मैं ज़ोर डालूँ? अगर आप चाहें तो?

महीपत : *(ठीक से अनुमान नहीं कर पाता)* ज़ोर? कैसा ज़ोर?

प्रिन्सिपल : मैं अगर ज़ोर डालूँगा तो कुछ तो बात बनेगी ही। ऐसा मुझे लगता है। *(धीमे स्वर में)* सच तो यह है कि महीपत जी, कि चेयरमैन साब भी ज़रा-ज़रा इसी तरह

सोच रहे हैं।

महीपत : किस तरह?

प्रिन्सिपल : यही...शादी...

महीपत : *(उत्सुकता से)* किसकी शादी?

प्रिन्सिपल : और किसकी? मुझे लगता है कि मौका साधकर अगर बात चलाई जाए तो वे राज़ी हो जाएँगे। आफ्टर ऑल, यह मेरा खयाल है...और बेबुनियाद नहीं है। मगर बहुत होशियारी से करना पड़ेगा। समझे?

महीपत : *(स्टिफ होकर)* अच्छा...।

प्रिन्सिपल : और ये भी सही है कि आपको अपनी तरफ से कुछ तो त्याग करना ही पड़ेगा। ज़्यादा नहीं, मगर तो...अर्ध त्यजति पंडिताः।

महीपत : कुछ तो...

प्रिन्सिपल : मसलन चिट्ठियाँ?

महीपत : *(तेवर बदलकर)* चिट्ठियाँ? कैसी चिट्ठियाँ? किसकी चिट्ठियाँ?

प्रिन्सिपल : नो नो...मिसाल के तौर पर...अगर उसने आपको लिखी हों तो...हों तो।

महीपत : *(प्रेक्षकों से)* अहा! तो ये ब्बात है। *(प्रिन्सिपल से)* क्या सबूत?

प्रिन्सिपल : काहे का सबूत?

महीपत : चिट्ठियाँ। क्या सबूत है कि लिखी हैं?

प्रिन्सिपल : सबूत कैसा? अनुमान है, नहीं भी हो सकती। परन्तु उसे छोड़ भी दिया जाए तो भी ये तो आप भी मानेंगे कि ये नया काम बनाने के लिए पुराना छोड़ देना पड़ेगा।

महीपत : यानी नौकरी?

प्रिन्सिपल : नो-नो-नो-नो। नली।

महीपत : नली?

प्रिन्सिपल : नली। यानी नली भी और मौसी भी...ये ज़रा भारी काम होगा। मतलब कि अपने से पुसाए उतना ही...बेकार कौर ठूँस के क्या होगा। गले में फँस के रह जाए तो? इससे अच्छा यह कि चेयरमैन साब को दूसरी तरह से समझाना

पड़ेगा...शायद मान भी जाएँ आखिर पति को छोड़ के भाग आई है, अलावा न शक्ल न सूरत, पढ़ाई-लिखाई जो है सो ठीक ही है। चेयरमैन साब की परमानेंट लाइबिलिटी है। लेकिन इसके लिए...वो पहले वाली को छोड़ देना होगा...बात इतनी सी है...

महीपत : यानी मौसी की खातिर नली को छोड़ देना होगा?

प्रिन्सिपल : क्या ब्बात कही है। असल में छोड़ना ऐसे कुछ भी नहीं है। हाँ आखिर दोनों एक साथ कैसे निभेंगी? सोच लीजिए।

महीपत : हूँम!

प्रिन्सिपल : दूर की दो से पास की एक भली? ठीक है ना?...तो हमने मौसी का पक्का किया।

महीपत : किसने किया?

प्रिन्सिपल : किया, मतलब करेंगे। वो मैं साहब को समझा दूँगा... मान जाएँगे आई होप। लेकिन भाई, तुम्हें लिखके देना होगा...

महीपत : क्या? क्या लिखके देना होगा?

प्रिन्सिपल : यही जो पक्का किया...कि नली के सिलसिले में जो किया, गलत था। भविष्य में ऐसा नहीं होगा। क्षमा करें।...सिर्फ अपने चेयरमैन साब के...उसके लिए...आई मीन सन्तोष के लिए। और लौटा दीजिए।

महीपत : क्या लौटा दीजिए?

प्रिन्सिपल : चिट्ठियाँ। नली की।

महीपत : लेकिन...

प्रिन्सिपल : ये भी ठीक है। लौटाएँगे तो अपनी भी चाहेंगे...जो उसके पास है। ये कदम उचित है। चिट्ठियाँ तो वापिस मिलनी ही चाहिए। हाँ, दोनों के लिए रास्ता खुल जाना चाहिए।

महीपत : कैसा रास्ता?

प्रिन्सिपल : मौसीवाला रास्ता। पट जाए तो सोने में सुहागा। न पटे तो भी कोई नुकसान नहीं। आखिर है तो निकली हुई। उम्र भी पौढ़ी। शक्ल-सूरत वगैरा जो है सो हुई है। दूसरी

जगह देखेंगे। सिर सलामत तो पगड़ियाँ पचासों। अपना क्या है।

महीपत : अच्छा?

प्रिन्सिपल : अरे वो, हम जो अगर उँगली उठाएँ तो तूफान आ जाए। एक मौसी गई जहन्नुम में–सौ चली आएँगी। हम आपके साथ हैं मिस्टर महीपत, आप बिल्कुल चिन्ता मत कीजिए। हमने आज तलक चौदह रिश्ते पक्के कराए हैं, फोरटीन!

महीपत : मैं कृतार्थ हूँ जो...

प्रिन्सिपल : बस तो अब दे ही डालिए। हटाओ बला को। *(रुककर)* हूँ! दे रहे हो न?

महीपत : क्या?

प्रिन्सिपल : वाह! इतनी देर क्या सुना किए? *(स्वर बदलकर)* वो... चिट्ठियाँ?

महीपत : *(प्रेक्षकों से)* अबे चालाक सियार! *(प्रिन्सिपल से)* सॉरी।

प्रिन्सिपल : क्यों?

महीपत : जो चीज जिसकी है, उसी को लौटाने में भलमनसाहत है। नली की चिट्ठियाँ नली को ही लौटानी होंगी।

प्रिन्सिपल : ये भी ठीक है। वो जिम्मेदारी हमारी। मंजूर।

महीपत : लेकिन जिम्मेदारी मैंने आपको सौंपी तो है नहीं। नली को खुद आना पड़ेगा मेरे यहाँ...और अकेले।

प्रिन्सिपल : *(तेवर बदलकर)* ये कैसे हो सकता है?

महीपत : मैं हठ नहीं करता।

प्रिन्सिपल : इसका नतीजा जानते हैं? बुरा होगा मिस्टर महीपत!

महीपत : *(गड़बड़ाकर)* नतीजा? *(साहस से)* जो भी हो। मैं अच्छा-बुरा सब झेलने की सामर्थ्य रखता हूँ मिस्टर प्रिन्सिपल!

प्रिन्सिपल : *(भीतर ही भीतर जल-भुनकर)* आप किस जगह रह रहे हैं मिस्टर महीपत, जानते हैं?

महीपत : जानता हूँ कि जगह सिर्फ आप ही की नहीं है। आप भी बाहर के आदमी हैं, हमारी तरह कालेज की गुड़ की भेली से चिपटे भुक्खड़ चींटे...

प्रिन्सिपल : कोई कौड़ी को भी न पूछेगा...

महीपत : *(डरा हुआ, फिर भी)* न पूछे। आपको भी न पूछेगा। इसीलिए स्वाभाविक कुत्ते की तरह चौबीसों घंटे मालिक के तलुए चाटते हैं आप।

प्रिन्सिपल : *(गुस्से से काँपकर)* शट्प।

महीपत : *(पहले एकदम चुप, फिर याद करके)* गेट आउट! ये मेरा घर है।

प्रिन्सिपल : ठीक है। मैं देखता हूँ तुम कैसे यहाँ टिकते हो? *(जाता है।)*

महीपत : *(प्रिन्सिपल के जाते ही सारा उबाल ठंडा पड़ जाता है बैठकर)* माई गॉड! खोपड़ी भन्ना उठी, चक्कर आ गया। आदत नहीं थी तो लगा कि सब कुछ गड़बड़ा गया है। गाढ़े पसीने की कमाई प्रोफेसरी गई। और अब मिलने से रही। जरा देर बाद हिम्मत बँधी। चिट्ठियाँ अपने कब्जे में हैं। हँस-बोलके तो अब कुछ होना-हवाना नहीं, फिर धौंस से काम क्यों न लें? नौकरी तो गई ही वो वैसे क्यों, ऐसे क्यों न जाए? पनियल सुहाग से साला तीता रँडापा भला। याद आया। इंटरव्यू में आल्हा गाके नौकरी पाई थी। वीर मर्दों का आल्हा। जिनकी तेग ने दुश्मनों का लहू पिया था। लगा, वो आल्हा और ऊदल मैं ही हूँ। उनकी 'खट-खट-खट-खट बाजै तैगा' मैं हूँ। हर हर महादेव। जमे रहो महीपत बभ्रुवाहन! बढ़े चलो। यू हैव नथिंग टू लूज एक्सैपट...।

[सामने नलिनी। नाक की सीध में देखती]

महीपत : क्...कौन? मेरा...मेरा...ठिकाने पर तो है ना? *(सिर पकड़कर)* मैं किसे देख रहा हूँ? *(बार-बार आँखें खोलकर भींचकर देखता है।)* एन ए एल आई एन आई? ओ गॉड! नलिनी आई थी। मेरी नली! मेरे घर, नली।

नलिनी : प्रीतम!...*(एकाएक रोने लगती है।)*

महीपत : *(घबराया हुआ, उसे समझाता हुआ, एक्साइटेड)* नलिनी, नली, मत रोओ। तुम हमारी राजा बेता, लोते नईं। चुप... चुप...एकदम दूर जाकर देखता है कि अकेली आई है या

किसी को संग लेकर। फिर *(कमरे का दरवाजा उढ़काकर)* एकदम अकेली आई हो? भाग के आई हो? नली...या... या...घर छोड़के ही आई हो? *(इस बार साँकल लगाकर)* घर पै मालुम है यहाँ आई हो वो? पर आई हो ये अच्छा किया...अच्छाई किया। मैंने तुम्हें बहुत याद किया है नली! मुझे लगा कहीं तुम भी गलतफहमी न कर बैठो। वही पूतना मौसीवाला कांड...पर वो बाद में...

[अप स्टेज पर चेयरमैन साब मूँछों पर ताव दे रहे हैं।]

महीपत : *(नलिनी का हाथ अपने हाथ में लेकर)* कैसा ठंडा पड़ गया है हाथ तुम्हारा। नली, असल में मैं तुम्हें भगा ले जाना चाहता था, हाँ। शादी की सब तैयारियाँ की थीं। मगर वो मरदूद बबना...उसने सब गुड़-गोबर कर दिया। यू नो, ही इज़ ए ईडियट...या ऐन ईडियट? और मुझे लगा कि सब खतम हो गया। अब आज तुम्हें यहाँ देख रहा हूँ तो विश्वास नहीं होता। नली चलो न...नली...आई लव यू... आई...आई वांट यू नली...*(नलिनी सिर ढँके हुए पल्लू से नाक की सीध में देखती हुई। उसे देखकर)* ये क्या? क्या हो गया? तुम चलोगी नहीं? चलो...चलो न...

नलिनी : *(अस्वाभाविक ढंग से। शून्य में देखकर)* हमें क्षमा करें मैपत बबरूवानजी!

महीपत : क्षमा! क्षमा किसलिए? अच्छा कर दिया। मगर पहले चलो तो। जरा देर नली, आई लव यू...आई...

नलिनी : मैं चल नई सकती हूँगी।

महीपत : क्यों?

[नलिनी चुप है। बुत बनी खड़ी है।]

महीपत : सुनो नल...

नलिनी : नई प्रीतम, मेरे सैं नई चला जाएगा।

महीपत : *(बेसब्री से)* नली, तुम्हें मेरे साथ चलना पड़ेगा...ऐसे नहीं चल सकता...सुन रही हो न...

नलिनी : प्रीतम, मैं तुमाई नईं बन सकती हूँगी रे।

महीपत : कोई बात नहीं। *(सोचकर)* क्या कहा? क्या बेकार की बात कहती हो। पहले चलो तो। चल मेरी मुन्नी चल, ठुम्मुक-ठुम्मुक चल।

[नलिनी ज्यों-की-त्यों। यानी खानदानी स्टेच्यू]

महीपत : *(परेशान होकर)* साला ऐसे स्टेच्यू के माफिक ही खड़ा रहना था तो आई क्यों?

नलिनी : तुमकौं अलविदा कैने।

महीपत : क्या? *(फिर एक बार साहस करके)* खैर, वो देखेंगे बाद में। पर इस वक्त तो...*(आवेग से सीने से लगाकर पाता है कि नलिनी पत्थर की मूर्ति बनी हुई है। उसे छोड़ देता है)* मरो। *(वह चुप है। पल भर देखकर)* निकल जाओ। *(मैंने बुलाया था तुम्हें? उसे फिर से चुप देखकर)* जाओ। कायर! दगाबाज! बेईमान! मुझे फाँस के भागती है। पर वो भी जाने दो। पहले हम ये...

नलिनी : मैंने भौत बड़ी गल्ती की हैगी प्रीतम!

महीपत : कैसी गलती?

नलिनी : तुमाए फन्दे मैं पड़कैं मैंने भौतई गल्ती की हैगी। मेरी गल्ती सैं खानदान कैं नाम मैं बट्टा लगता था। भगवान की दया हैगी के मुजे पैलेई होस आ गया।

महीपत : *(उसके कहने की अस्वाभाविकता जानकर)* क्या?

नलिनी : मैं अब होस मैं हूँगी। मेरी गल्ती मुजैं मालुम पड़ गई हैगी। मैंने जैसा खिलन्दरापन किया, मुजैं नईं करना चइए था।

महीपत : अच्छा!

नलिनी : हओ! बालापनै मैं आदमी से गलती हो जाती हैगी। कोई बात नहीं, प्रंतू औसर रैते सुदार लेय त खानदान की मट्टी पलीत नईं होती हैगी।

महीपत : क्या बोली? फिर से कहना।

नलिनी : आदमी से गल्ती हो जाती हैगी। कोई बात नईं, प्रंतू औसर रैते सुदार लैय त खानदान की मट्टी पलीत नईं

होती हैगी।

महीपत : वाह, क्या कहने हैं! तुमसे खूब सबक याद कराया है तुम्हारे मालिक ने, तुम्हारे कक्का ने।

नलिनी : मैं अपनी गल्ती सुदारूँगी। आज कैं बाद मैं तुमसें कभी नईं मिलूँगी।

महीपत : *(चिढ़कर)* मत मिलना।

नलिनी : *(जैसे टेपरिकॉर्डर बोल रहा हो।)* मैं पैंचान भी नईं दिखाऊँगी। मैं तुमैं भूलने की कोसस करूँगी। मेरी सगाई होने वाली हैगी। घरवालों ने मेरैं लिए लड़का ढूँढ़ा हैगा। ऊका खानदान भी ऊँचा हैगा। और हमाई जातई का हैगा। माता-पिता की आग्यानुसार ल्याए लड़के सैं शादी करना हर बेटी का कर्तव्य हैगा। ऊई मैं बिटिया का कल्यान होता हैंगा तथा खानदान की सान भी रैती हैगी। मेरी ससुरालवाले बड़े आदमी हैंगे। मेरा भावी पती अच्छा हैगा और खानदानी हैगा। मेरा ससुर रईस हैगा। हमारे हुँआँ भी हवेली हैगी। हवेली मैं नौकर-चाकर हैंगे। पाँच दुधारू चौपाए और छै बैल हैंगे। अलावा, पचास एकड़ जिमीन हैगी। हुँआँ सिरिफ हमइयई जिमीन पै टिरैक्टर चलता हैगा। मेरा ससुर पंचायत का मिम्बर हैगा और पतिदेव की जिले के एमेले साब तक पौंच हैगी। दस-बीस मील कैं घेरे में हमाई ससुराल के जोड़ का कोई खानदान मिलै त नाक कटवा लैं। ऐसा घर मुजैं मिल रिया हैगा, येई मेरा सौभाग हैगा। ऐंसे घर पौंच कैं मुजे भौत सुख मिलैंगा...

महीपत : बन्द करो ये तोता रटंता।

नलिनी : *(बगैर ध्यान दिए)* ऊ लोगन कैं मुकाबिले मैं तुम कौन होगे? तुमाई जात हमाई जात सैं छोटी। तुमारा खानदान टुच्चा हैगा। इत्ती भी ल्याकत तुमाई नईं हैगी के हमाए जूतन कौं छियौ...

महीपत : *(नीम पागल की तरह)* नली, मैं कहता हूँ बन्द कर...

नलिनी : *(पहले की तरह)* तुमाई ई ल्याकत के हमाए हियाँ चाकरी करौ...

महीपत : नली...नली...

नलिनी : *(उसी स्वर में)* हमाए दादा-परदादा के हियाँ तुमाई जातवाले घोड़ों की लीद उठाते थे...ऐंसा कक्का नैं कहा हैगा...

महीपत : नली, तुम्हारी खोपड़ी खराब हो गई है?

नलिनी : हमाए दिए टुकड़ैं पै तुमाई जातवाले पलते थे...

महीपत : शटप्! ऐसी-तैसी तुमारे कक्का की...

नलिनी : तुमाई जातवालान मैं दोगलेई ज्यादा...

[महीपत एक तमाचा कसकर रसीद करता है।]

नलिनी : *(गाल पर हाथ रखकर पहलेवाले स्वर में)* अच्छई हुआ के हमाई गल्ती हमैं सई टैम पै मालुम हो गई। आँगैं सैं ऐसी मैं गल्ती नईं करूँगी।

[अब महीपत के छक्के छूट गए हैं।]

नलिनी : आगैं सें बुजरुक लोगन का हुकुम मानुँगी। ससुराल में हँसी-खुशी रऊँगी। तुमसैं हमारा कोई सम्बन् नईं हैगा। मैं तुमसैं कभी नईं मिलूँगी, तुमारा मूँ तक नई देखुँगी। दिखौगे त पैचान भी नईं दुँगी। मैं अपनैं पती सैं या ससुर सैं सिकाएत कर दूँगी। ऊ लोगन के पास सोई कक्का की तरै बन्दूक का लैसन्स हैगा। ऊ तुमैं देख लैंगे। तुमैं पछताना पड़ैगा।

महीपत : *(आग-बबूला होकर)* पछता ही रहा हूँ...झक मारी जो...

नलिनी : सीदी तरैं हमाई चिट्ठीं हमैं लौटा दो।

महीपत : *(चौंककर)* क्या?

नलिनी : नईं त हम पुलिस मैं रपट लिखा दैंगे। तुमैं जिहल भिजवा कैंईं रहूँगी। हुँआँ गट्टी तोड़ौगें। कक्का की पुलीसवालों मैं ऊपर तलक पैचान हैगी।

महीपत : धमकाती है तू मुझे? ऐं! धमकाती है? जाओ, नहीं देते चिट्ठियाँ...जाओ *(क्रोध में काँप रहा है।)* जो करना चाहो कर लो...जेल में भेजो...मैं भी देखता हूँ...

नलिनी : पीछैं पछताओगे। कक्का तुमैं बिलकुल नईं छोड़ैंगे।

[अप स्टेज पर कक्का राइफल साफ करने में मग्न है।]

नलिनी : तुमैं हियाँ सैं जाना पड़ैगा। तनखा भी नईं मिलैगी। धूला चाटना पड़ैगी।

महीपत : चाटूँगा...नहीं देता चिट्ठियाँ...नहीं देता।

नलिनी : तुमैं भारी पड़ैगा।

महीपत : पड़ने दो। कह देना अपने कक्का से कि चाहे मुझे काट के फैंक दें, मगर चिट्ठियाँ नहीं मिलेंगी। मैं महीपत बभ्रुवाहन भले ही प्रोफेसर बना होऊँ, मैंने कोई मरी माँ का दूध नहीं पिया। कह देना, ईस्वरभाई के अखाड़े का जवान हूँ, परमपूज्य दादाभाई पूजनीय सरमा गुरुजी, श्री अन्नीबाबा, एक से एक बढ़कर देदीप्यगान...।

नलिनी : त हम जाएँ?...तुमैं आखिरी बार इसारा देनैं आई थी, सो किया हैगा। आज सैं हमारा-तुमारा सम्बन् खतम। हम तुमाई निगाय मैं मर गए, तुम हमाई मैं मर गए...

महीपत : *(एकदम मूव होकर उसका हाथ अपने हाथ में लेकर)* नली...नली...नलिनी...*(नलिनी सिर्फ पल्लू सँवारती है। हाथ छोड़कर)* ये क्या हो गया है तुम्हें? नलिनी, ये कैसे हो गया? तुम ऐसी नहीं थी नलिनी...*(अब भी आशा है)* नलिनी तुम्हारी छलछलाती आँख के आँसू की कसम... तुम...

नलिनी : *(पहले जैसी)* मैं जाती। आखिरी बताओ चिट्ठीं देओगे के नईं? देख लेना, नईं जान सैं हात धोओगे।

महीपत : क्या बोलीं? *(रुद्ध कंठ से)* धो ही चुका हूँ, सच। ये क्या गत बना ली है नली, ये तुम्हीं कह रही हो?

नलिनी : चिट्ठी दे रए हौ के नईं? इतई कओ।

महीपत : *(उसके कन्धे छूकर हिलाते हुए)* नली, एक बार तो होस में आओ, आदमी की तरह बोलो नली...जिन्दा आदमी की तरह...ऐसे खानदान के मकबरे की तरह नहीं...संगमरमर का स्मारक जैसे...*(सिहर उठता है)* नली, तुम अपनी तरह बोलो...ज्यादा नहीं, एक वाक्य, सिर्फ एक वाक्य...

कम-ज-कम एक बार तो पुकारो...पहले की तरह...हौले से...महीन स्वर में...प्रीतम...

नलिनी : *(अब भी बुत ही)* तुमनैं क्या तै किया?

महीपत : *(भीतर से हट)* नहीं पुकारोगी तुम?

नलिनी : मैं जाती। *(मुड़ती है। मूर्ति की तरह स्टिफ, नाक की सीध में देखती चली जाती है।)*

महीपत : *(तड़पकर)* कभी क्षमा नहीं करूँगा मैं उस...उस खानदानबाज कक्का को...मैं साप देना चाहता हूँ उसे...लेकिन मैं...मैंने भी...मैंने भी तुम्हें इस्तेमाल किया नली...तुम्हें इस्तेमाल ही किया...

[महीपत बड़ी मुश्किलों बाद अपने को जब्त कर पाता है। तब तक नलिनी दूसरी ओर से मंच पर आकर अपने कक्का के सामने से गुजरते हुए भीतर चली जाती है। उसके पीछे-पीछे कक्का जाते हैं।

इधर महीपत शान्तिपूर्वक अंडरवियर में से चिट्ठियों का गट्ठा निकालता है। उसके मुँह पर स्थायी हँसी अवतीर्ण होती है। चिट्ठियाँ फाड़ता है। बिलकुल छोटे-छोटे टुकड़े करके बिखरा देता है।]

महीपत : *(प्रेक्षकों से)* कम-ज-कम एक अनुभव सही। और क्या। अविस्मरणीय, संस्मरणीय इत्यादि। प्रोफेसर महीपत बभ्रुवाहन को, जैसे कि उम्मीद थी पूरी छुट्टी मिल गई। तीन महीने की तनखा डूबी। इसके अलावा उन्हें एक-दो बार निर्जन स्थान में घेरकर कुछ बलाढ्य ग्रामीण गुंडों ने उनके साथ खूबसूरती से धक्कामुक्की भी की, उनके वस्त्र फाड़े और उनकी माता का स्मरण कर कुछ मार्मिक गालियाँ भी दीं। दरअसल, इसमें माँ का क्या सम्बन्ध? परन्तु परम्परा है। माँ तक पहुँचकर हमारी जनता कृतार्थ हो जाती है—माँ वो किसी की भी हो। इस प्रकार एक दिन, प्रोफेसर के पंख नुचवाकर महीपत बबरुवुहान जी दुबारा मामूली महीपत

बनकर घर को लौटे।

[प्रोफेसर मंडली, विद्यार्थी, प्रिन्सिपल और उनका नेतृत्व करते हुए नलिनी और कक्का कतार बाँधकर खड़े दिखाई पड़ते हैं। शवयात्रा का माहौल। वैसा ही संगीत। महीपत कन्धे पर मुँह तक भरा झोला लटकाए एक-एक कदम उठाकर चलता है, तालबद्ध। उसके पीछे जमघट। अन्त में सब लोग—'सियावर रामचन्द्र की जै' कहकर टमाटर, केले के छिलके वगैरा फेंककर मारते हैं। टाँग फँसाकर गिराने की कोशिश करते हैं।

अब स्टेज के दूसरे सिरे पर ईश्वरभाई आते हैं और मेज पर कागज रखकर लिखना शुरू कर देते हैं, चश्मा नाक के सिरे तक खींचकर। कपड़ों पर हाथ फेरता महीपत ईश्वरभाई के सामने आकर खड़ा हो जाता है। वही मुस्कराहट लिये।]

ईश्वरभाई : *(दाढ़ी के बाल उखाड़ते-उखाड़ते सिर उठाकर)* कौन? महीपत! अबे चोट्टे! अएँ! अचानक आ टपका! दिखता है, नौकरी छूट गई? कहो कैसे पहचाना? ठीक है। अभी नहीं, कल सवेरे आना, कल। इस वक्त हम एडिटोरियल लिख रहे हैं। खूब चुभता हुआ लिख रहे हैं। बटाविया की दुर्व्यवस्था पर! अरे, बहुत भयानक स्थिति है वहाँ, बटाविया में...तुमसे क्या कहें...*(लिखने में मग्न।)*

महीपत : *(प्रेक्षकों की दिशा में कुछ पल देखकर)* हम आस्मान सें टकराए, तूफान सें गुजर गए, दरिया कौं एक उलाँघ मैं पार किया। लेकिन हाए गालिब...

[फटफटी की आवाज़ दूर से नजदीक आती है। महीपत की मुस्कराहट गायब होने लगी है।]

महीपत : हाए गालिब! *(जल्दी-जल्दी में प्रेक्षकों से)* आ गया। चलिए, बटाविया चलिए...*(भीतर को भागता है।)*

[दूसरी ओर से बबना दौड़ता-हाँफता आता है। हेल्मेट वगैरा पहने बबना ऐसा दिखाई पड़ता है जैसे विमानचालक या पनडुब्बा हो। बहुत बड़ा एक्सीडेंट करके आया हुआ। मुँह पर मुरदनी छाई हुई।]

बबना : *(चीख मारकर)* मास्साब, बाप नैं लात मारकैं निकाड़ दिया हैगा... ।

(परदा)

●●●